Lena Maria Klingvall

LENA MARIA

Ohne Arme geboren – eine junge Frau meistert ihr Leben
und wird Weltmeisterin im Schwimmen

Lena Maria Klingvall

Lena Maria

Ohne Arme geboren –
eine junge Frau meistert ihr Leben
und wird Weltmeisterin im Schwimmen

Schulte & Gerth

Die schwedische Originalausgabe erschien im Verlag
Bokförlaget Libris, Örebro
unter dem Titel „Lena Maria – Fot-noter".

Best.-Nr. 815 501
ISBN 3-89437-501-9
1. Auflage September 1997
2. Auflage Dezember 1997
3. Auflage 1998
Umschlaggestaltung: Michael Wenserit
Umschlagphoto: LYDIA/Rainer Wälde
Satz: Die Feder GmbH, Wetzlar
Druck und Verarbeitung: Ebner Ulm
Printed in Germany

Inhalt

Vorwort

Wenn ich neue Menschen kennenlerne, passiert es oft, daß sie mir ihre Hand entgegenstrecken, um mich zu begrüßen, doch ich erwidere immer nur „Hallo“ oder „Guten Tag“. Manche von ihnen kommen rasch mit dieser Situation klar, ziehen schnell ihre Hand wieder zurück und grüßen statt dessen mit einem Lächeln oder nehmen mich ganz einfach in den Arm. Andere dagegen sind unglaublich verlegen und wissen nicht, wie sie dieser Situation begegnen sollen. Es ist ihnen fürchterlich peinlich. Einige von ihnen kommen sogar noch Jahre später auf mich zu und fragen mich, ob ich mich noch erinnere, wie unangenehm damals unsere erste Begegnung war, als sie nicht wußten, wie sie mich begrüßen sollten. Zum Glück erinnere ich mich selten daran.

Warum ich den Leuten nicht die Hand gebe? Nun, ich habe keine Arme. Die Reaktion der Leute auf mich und meine Behinderung ist sehr unterschiedlich. So kam vor einigen Jahren einmal eine ältere Dame auf mich zu und gab mir einen Zehn-Kronen-Schein, weil ich ihr so leid tat.

Doch dann gibt es auch wieder andere Erlebnisse, wie damals, als ich als kleines Kind mit meinen Eltern auswärts essen war. Die Kinder am Nachbartisch waren so fasziniert von meiner Art zu essen, daß sie ihre Arme aus den Ärmeln zogen, unter dem Pullover versteckten, ihren Fuß auf den Tisch legten und versuchten, genauso zu essen wie ich. Das fand ich einfach herrlich, auch wenn es für ihre Eltern sicherlich ziemlich peinlich war.

Es hat übrigens auch Vorteile, wenn man weder Arme noch

Hände hat: man muß sich beispielweise nicht darum sorgen, daß man seine Ringe oder Handschuhe verliert. Als ich als kleines Mädchen einmal bei einer Schulkameradin zum Spielen eingeladen war und mein Vater dort vorbeikam, um mich abzuholen, zog ich Jacke und Schuhe an und setzte meine Mütze auf, während die Mutter meiner Freundin verzweifelt in der ganzen Wohnung nach Handschuhen für mich suchte.

„Das ist nicht nötig", sagte mein Vater.

„Doch, es ist doch so kalt draußen! Selbstverständlich muß die Kleine Handschuhe haben", beharrte die Mutter.

Erst eine ganze Weile später wurde ihr bewußt, daß ich ja tatsächlich keine Handschuhe brauchte.

Als ich dann zur Schule ging, wurde mir wegen meiner Behinderung eine Betreuerin zur Seite gestellt, die mir beim Umkleiden und bei anderen Dingen half, die ich alleine nicht bewerkstelligen konnte. In der sechsten Klasse hatte ich eine sehr nette Betreuerin, die mir sogar etwas zu Weihnachten schenken wollte. Doch einen Tag vor dem Fest wurde ihr mit Schrecken bewußt, daß sie mir einen Ring gekauft hatte! Sie schaffte es aber gerade noch rechtzeitig, den Ring gegen eine Halskette einzutauschen.

Ich erinnere mich auch noch an einen ganz bestimmten Schultag, an dem ich ein Kettchen um mein Fußgelenk trug. Damals waren Fußkettchen noch nicht in Mode und entsprechend ungewöhnlich, so daß eine Klassenkameradin auf mich zukam und wissen wollte, warum ich denn meine Kette um den Fuß, und nicht um das Handgelenk trug.

„Das dürfte in meinem Fall etwas problematisch werden", antwortete ich auf ihre Frage und bemerkte, wie sich ihre Wangen vor Verlegenheit röteten.

Nichts amüsiert mich so sehr, wie solche Szenen! Ehrlich gesagt, freue ich mich sogar, wenn Leute sich auf diese Weise ein wenig blamieren. Nicht, weil ich will, daß sie sich schämen, sondern weil es zeigt, daß es ihnen gar nicht auffällt, daß ich behindert bin. Es tut mir richtig gut, wenn Menschen, mit denen ich eine Weile zu tun hatte, ab einem gewissen Zeitpunkt mit mir und meiner Behinderung genauso umgehen, wie ich selbst es tue, das heißt, wenn sie sie völlig ignorieren.

In diesem Buch möchte ich ein wenig von mir erzählen und davon, was mich zu der Person gemacht hat, die ich heute bin. Es dauert zwar noch eine ganze Weile, bis ich dreißig werde, aber ich habe schon sehr viel Schönes erlebt – darunter eine Reihe von Dingen, an die bei meiner Geburt niemand nur im Traum gedacht hätte. Selbstverständlich hat meine Behinderung einen immensen Einfluß auf mein Leben gehabt, aber genauso sehr haben mich der Gesang, die Musik (mit allem was dazugehört), meine Erfolge im Schwimmen, meine Familie und Freunde und mein Glaube an Gott geprägt. Und genau davon will ich hier erzählen.

Dies ist das erste Buch, das ich schreibe, und damit eine ganz neue Erfahrung für mich. Ohne Inger Lundins (meine Lektorin) hilfreiche Unterstützung hätte ich es niemals geschafft. Ihr möchte ich deshalb an dieser Stelle ein ganz großes Dankeschön sagen!

Es wäre wohl anmaßend, mein Buch als Memoiren zu bezeichnen, auch wenn es nicht vollkommen abwegig ist. Es sind ganz einfach ein paar Anmerkungen und Erklärungen zu dem Leben, das ich bis heute gelebt habe.

Es sind meine Fuß-Noten.

Trotz allem: ein richtiges Zuhause

Niemand sagte ein Wort.

Als ich geboren wurde, nahm die Hebamme mich sofort, wandte sich schnurstracks um, legte mich auf einen Tisch, wickelte mich dort in ein Handtuch und brachte mich in einen Nebenraum. Alles ging sehr schnell. Der Kreißsaal war ursprünglich voller Menschen gewesen: da waren meine Mutter und die Hebamme, mein Vater an der Seite meiner Mutter, und ein Schwarm von Ärzten und Schwestern, die offensichtlich Visite machten. Doch nun herrschte mit einem Mal große Unruhe und Eile. Alle wurden kurzerhand aus dem Raum geschickt, auch mein Vater sollte im Wartezimmer Platz nehmen, und meine Mutter blieb allein zurück. Niemand sagte etwas.

Es war der 28. September, acht Uhr morgens, und ich hatte gerade das Licht der Welt erblickt.

Niemand hatte ahnen können, daß ich nicht so aussehen würde wie alle anderen Babys, daß ich „mißgebildet" sein würde. Die Schwangerschaft war, soweit man es mit den damaligen Untersuchungsmethoden beurteilen konnte, in jeder Hinsicht normal verlaufen, denn Ultraschall und Fötusdiagnostik waren zu dieser Zeit noch nicht fester Bestandteil der Vorsorgeuntersuchungen für werdende Mütter. Warum hätte man bei meiner Mutter auch solche Maßnahmen durchführen sollen? Es hatte ja nichts auf eine Anomalie hingedeutet.

Die Entbindung war für meine Mutter Anna extrem qualvoll gewesen. Nachdem sie am Nachmittag des 26. September das Fruchtwasser verloren hatte, fuhr sie nach Jönköping ins

Krankenhaus. Mein Vater, der an diesem Tag als Polizist bei einem Übungseinsatz in Uddevalla war, hatte mit Mühe und Not frei bekommen. Meine Mutter war überglücklich, daß er schließlich doch kommen konnte, denn die Geburt dauerte lange: eine Nacht, einen Tag und wieder eine Nacht, aber nach 34 anstrengenden Stunden wurde ich schließlich geboren.

Ich war 48 Zentimeter groß, wog aber nur 2.400 Gramm. Da, wo eigentlich Arme hätten sein sollen, war nichts. An beiden Schulterenden waren nur zwei kleine Stümpfe zu sehen. Das rechte Bein sah ganz normal aus, aber das linke war verkrüppelt und nur halb so lang wie das andere. Der linke Fuß stand so weit hoch, daß er fast am Bein anlag. Außerdem war mein Gesicht völlig blau, als ich endlich aus dem Leib meiner Mutter kam. Würde ich womöglich auch innere Schäden haben? Würde ich sterben oder überleben? Das Krankenhauspersonal war ratlos. Das war dann auch der Grund dafür gewesen, weshalb ich erst einmal in einen anderen Raum gebracht wurde.

Meine Eltern begriffen zunächst gar nichts. Da ich ihr erstes Kind war, waren sie mit der Entbindungsroutine noch nicht vertraut. Daher hielten sie es auch nicht für ungewöhnlich, daß ich zunächst in einen anderen Raum gebracht wurde. Sie glaubten, dies wäre so üblich.

Nach einer Weile kam der Arzt wieder in den Kreißsaal zurück und erklärte meinen Eltern, wie es um mich stand – zuerst jedoch meinem Vater, der noch allein im Wartezimmer saß, dann meiner Mutter. Er gab sich alle Mühe, die Lage ruhig und sachlich zu schildern, und bot ihnen Medikamente zur Beruhigung an, damit sie über den ersten Schreck hinwegkämen. Er könne noch nicht sagen, ob ich überleben würde. Zuerst müsse man feststellen, ob nicht auch meine inneren Organe von einer Fehlentwicklung betroffen wären. Auf jeden Fall, so versicherte er meinen Eltern, könnte ich, wenn ich überleben würde, in einer entsprechenden Behinderteneinrichtung untergebracht werden.

Meine Eltern waren urplötzlich vor eine schwere Entscheidung gestellt, als ihnen immer wieder die Worte des Arztes im

Ohr nachhallten: „Sie müssen sich darüber im klaren sein, was es bedeutet, wenn Sie das Kind selbst aufziehen. Zwanzig Jahre mindestens . . ."

Meine Mutter war nach der Entbindung so erschöpft und von dem Lachgas, das man ihr zur Schmerzlinderung verabreicht hatte, noch ganz benebelt, daß sie zunächst nicht mehr mitbekam, als daß mit mir irgend etwas nicht in Ordnung zu sein schien. Erst als mein Vater später wieder zu ihr in den Kreißsaal kam und ihr alles erklärte, fing sie an zu begreifen. Doch beide hatten mich bis dahin noch nicht gesehen.

Die folgenden drei Tage waren schwer. Was eigentlich eine freudige Nachricht hätte werden sollen, war nun eher eine Hiobsbotschaft. Mein Vater rief alle Verwandten und Freunde der Reihe nach an. Meine Großeltern und meine Tante Brita kamen daraufhin ins Krankenhaus, setzten sich an Mutters Bett und weinten. Würde ich überleben? Wie würde mein Leben aussehen?

Ja, wie sah ich überhaupt aus?

Und Gott – wo war der eigentlich in dieser ganzen Misere?

Meine Eltern waren beide gläubige Christen und sehr in einer Freikirche engagiert, doch nun brachen auch für sie viele Fragen auf. Als mein Vater nach der Entbindung nach Hause kam, fiel er vor seinem Bett auf die Knie und redete mit Gott. Ich weiß, daß er ihm viele Fragen stellte und daß er ihm schließlich sagte, jetzt müsse er die Zukunft seiner kleinen Familie in die Hand nehmen.

In diesen schweren Stunden versuchten meine Eltern, einander Trost zu geben. Weil es das einzige war, was sie in meinen ersten Lebenstagen für mich tun konnte, begann meine Mutter schon bald, Milch abzupumpen, mit der ich dann auf meiner Station gefüttert wurde. Daß ich die Nahrung bei mir behielt, war ein großer Fortschritt, der Hoffnung verhieß. Denn immerhin war es ein Beweis dafür, daß meine „innere Maschinerie" funktionierte.

Dann kam der Tag, an dem meine Eltern mich zum erstenmal sehen sollten. Sie waren beide sehr nervös. Der Arzt hatte ihnen zwar meine Behinderung beschrieben, aber trotzdem wußten sie nicht so recht, was sie erwarten würde.

Ihr Blick fiel durch eine Glasscheibe auf mich. Dort lag ich auf der Säuglingsstation in einem Bettchen: Lena Johansson, gut zwei Kilogramm schwer, spitzte das Mündchen und sah so gesund und munter aus, wie man es sich nur vorstellen konnte. Wie hübsch ich war! Viel hübscher, als sie jemals gedacht hatten!

Ich kann es nicht mit Bestimmtheit versichern, aber ich glaube, es muß bei dieser ersten Begegnung gewesen sein, daß meine Eltern den Entschluß faßten, mich zu Hause aufzuziehen.

Es war wirklich keine Selbstverständlichkeit, daß sie sich für diesen mühevollen Weg entschieden. Viele ihrer Freunde und Bekannten um sie herum waren der Meinung – und machten keinen Hehl daraus –, man solle mich in ein Pflegeheim geben. Und auch meinen Eltern war es durchaus bewußt, daß eine so schwere Behinderung, wie die meine, sie sehr viel Kraft kosten würde.

Es war wohl der folgende Kommentar meines Vaters, der die Entscheidung brachte: „Ob mit oder ohne Arme, auf jeden Fall soll sie ein richtiges Zuhause haben!“

Zum Glück gibt's meinen großen Zeh!

Warum?

Viele glauben, daß meine Behinderungen auf das Nervenberuhigungsmittel „Neurosedyn“ zurückzuführen sind, denn dieses Medikament ist für folgende Nebenwirkungen bekannt: es führt dazu, daß sich der Fötus nicht normal entwickelt, sondern mißgestaltete Arme und Beine ausbildet. In meinem Fall war „Neurosedyn“ jedoch nicht die Ursache. Als ich unterwegs war, war das Medikament in Schweden bereits verboten worden. Außerdem war meine Mutter durch die vielen Diskussionen in den Zeitungen und im Fernsehen besonders hellhörig geworden, so daß sie während der Schwangerschaft überhaupt keine Medikamente genommen hatte.

Die Ärzte standen lange Zeit vor einem Rätsel, aber heute glauben sie, daß ich zu der sehr kleinen Gruppe von Menschen gehöre, die geboren wurden, obwohl alle Regeln der Natur dagegen sprachen. Denn normalerweise stößt der Körper den Fötus ab, wenn bei der Entwicklung des Embryos irgendwelche Unregelmäßigkeiten auftauchen. Doch in sehr seltenen Fällen funktioniert dieses Abstoßungssystem nicht richtig, und die Schwangerschaft wird trotzdem ganz normal ausgetragen. Deshalb wurde ich schließlich doch geboren.

Im Krankenhaus wurden zunächst unzählige Untersuchungen mit mir angestellt, aber nach vierzehn Tagen durfte ich endlich nach Hause. Meine Mutter behauptet, daß ich von Anfang an ein selbstzufriedenes Kind war, und damit hat sie wohl Recht.

Warum hätte ich es auch nicht sein sollen? Ich konnte ja

nicht wissen, daß mir bestimmte Körperteile fehlten, und Schmerzen hatte ich auch keine. So lernte ich schneller als alle anderen Säuglinge, mich vom Rücken auf den Bauch zu rollen – es waren ja keine Arme im Weg! Wenn ich dann auf dem Bauch lag, hob ich meinen neugierigen Kopf über die Kante meines Kinderbettchens und schaute hinaus. Mit meinen Nackenmuskeln war nicht zu spaßen!

Es war außerdem nur zu natürlich, daß ich begann, viel mit meinen Füßen zu machen. Wenn man Säuglinge genau beobachtet, stellt man fest, daß sie zunächst sowohl mit den Händen als auch mit den Füßen zu greifen versuchen. Aber während andere Kinder lernen, mehr und mehr ihre Hände zu benutzen, entwickelte ich meine Fußarbeit.

Nach fünf Wochen fing ich an, meinen Fuß in Richtung Mund zu bewegen, und es dauerte nicht lange, da konnte ich nach Herzenslust an meinem großen Zeh lutschen. Meine Mutter kam dann irgendwann später auf die Idee, meine Babyflasche mit einem Gummiband um meinen großen Zeh zu befestigen. So konnte ich mich selbst füttern, was mir wiederum ein riesiges Vergnügen bereitete. Ich entwickelte mich beständig weiter und lernte immer mehr dazu, wenn auch nicht unbedingt in demselben Tempo wie meine Altersgenossen.

Für meine Mutter war vor allem das erste Jahr mit mir nicht leicht. Sie war diejenige, die sich den größten Teil der Zeit um mich kümmerte und mich meine Umwelt entdecken ließ. Mein Vater scheute sich noch ein wenig davor, sich mit mir in der Öffentlichkeit sehen zu lassen, was eigentlich sehr verständlich war, denn wohin meine Mutter mit mir auch ging, überall begegnete sie Menschen, die mich anstarrten, neugierige Fragen stellten oder dumme Kommentare abgaben.

Als meine Mutter mich zum erstenmal zur Mütterberatung

Meine Mutter sagt, daß ich von Anfang an ein selbstzufriedenes Kind war. Warum hätte es auch anders sein sollen? (Photo: privat)

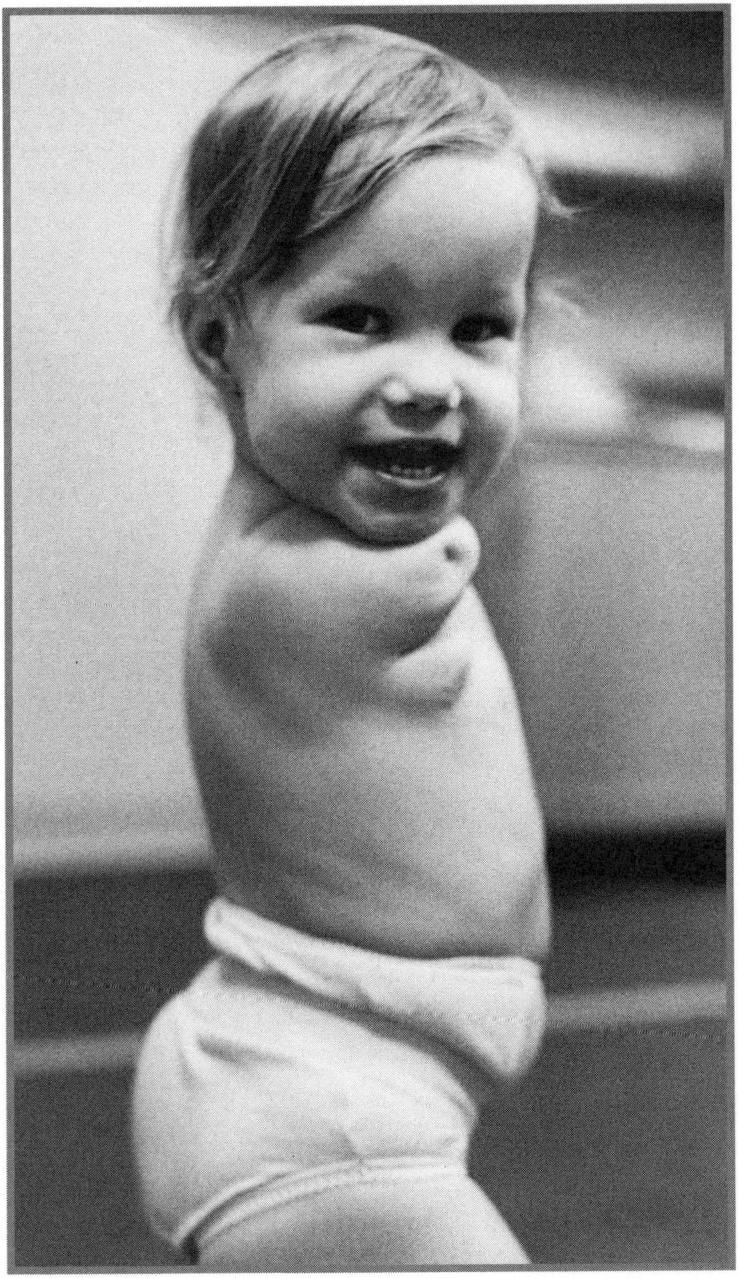

mitbringen sollte, bat sie dort um einen Extra-Termin, an dem keine anderen Eltern mit ihren Kindern anwesend waren. Ihre Bitte wurde ernstgenommen, und sie erhielt einen Termin, an dem sie dort die einzige mit ihrem Kind war. Doch die Beraterin führte daraufhin mit meiner Mutter ein ausführliches Gespräch darüber, wie wichtig es für sie sei, dann zu kommen, wenn auch andere Mütter mit ihren Kindern da waren. Die Beraterin meinte, daß es für die anderen wichtig sei, zu sehen, daß es nicht selbstverständlich ist, wenn man gesund und nicht behindert ist.

Nach diesem Gespräch war es schließlich Zeit, daß der Kinderarzt die anstehende Vorsorgeuntersuchung durchführte. Die Beraterin hatte meiner Mutter versprochen, den Arzt zuvor über meine „ungewöhnliche" Anatomie aufzuklären und ihn so auf die Begegnung vorzubereiten. Als wir sein Sprechzimmer betraten, saß er mit dem Rücken zu uns und bat meine Mutter, mich zu entkleiden. Als er sich dann zu uns umwandte, bekam er fast einen Schock, und ihm entfuhr die Bemerkung: „O, wie fürchterlich!"

Meine Mutter brach daraufhin in Tränen aus. Die Beraterin hatte offensichtlich vergessen, den Arzt zu informieren.

Für meine Mutter war es nicht leicht, immer und immer wieder meine Behinderung erklären zu müssen, wenn wir neue Menschen trafen. Sie wollte doch so gerne stolz auf mich sein, wie jede andere Mutter auch, aber das war ihr nicht immer möglich.

Es geschah zum Beispiel auch nur sehr selten, daß ihr jemand eine der gewöhnlichen Fragen stellte, auf die alle Mütter gerne antworten: „Schläft die Kleine nachts durch? Ißt sie gut? Nimmt sie zu? Was kann sie denn schon alles?"

Nun, ich hatte zum Beispiel einige Kunststücke mit meinem rechten Fuß drauf, und mit der Zeit hatte ich mir beigebracht, Gegenstände zwischen Kinn und Schulter zu klemmen und sie so von einem Ort zum nächsten zu befördern. Doch das alles schien in den Augen meiner Mitmenschen nicht zu zählen. Es war viel einfacher für sie, auf das zu sehen, was ich nicht konnte.

Da war zum Beispiel mein linker Fuß: Er war stark deformiert und stand noch immer senkrecht hoch, so daß er fast an meinem Bein anlag. Anfangs schien sich niemand so recht vorstellen zu können, daß sich das je bessern würde. Aber Lars Göran Ottossohn, der Chefarzt in der REHA-Klinik in Jönköping, sah Gott sei Dank eine Möglichkeit, Abhilfe zu schaffen. Ihm habe ich es zu verdanken, daß ich eine Schiene für meinen linken Fuß bekam, die ihn im Laufe der Zeit auf Normallänge ausrichtete.

Außerdem kamen die Ärzte noch auf eine andere Idee, wie sie mir helfen konnten, mit meinem Kinn Dinge besser zu greifen. Durch eine Operation wurde einer meiner Rippenknochen auf die Höhe meiner Schulter verpflanzt. So wurde die Grifffläche zwischen Kinn und Schulter bedeutend vergrößert.

Als diese Operation durchgeführt wurde, war ich erst ein Jahr alt, aber ich habe auch heute noch von diesem Eingriff einen großen Nutzen.

Es dauerte eine ganze Weile, bis ich gelernt hatte, wie ich mich am Besten fortbewegen konnte. Noch bevor ich sitzen konnte, bewegte ich mich rollend vorwärts. Dann lernte ich bald die Kunst, auf meinem Oberkörper vorwärtszurutschen, wobei ich mich mit Hilfe des rechten Beines abstieß.

Mit etwa drei Jahren war es dann soweit: Ich bekam die erste Prothese für mein linkes Bein. Zu diesem Zeitpunkt hatte sich mein linker Fuß bereits mit Hilfe der Schiene und einer Bandage so geformt, daß er fast ganz normal stand. Das Laufenlernen jedoch gestaltete sich sehr, sehr mühevoll, und es dauerte natürlich viel länger als bei anderen Kindern.

Meine Eltern kamen auf die Idee, daß sie mir mit einem dieser Babygurte helfen könnten, die man normalerweise dazu benutzt, Kleinkinder im Kinderwagen anzuschnallen, um sie so am Herausfallen zu hindern. Schließlich hatte ich ja keine Arme und Hände, an denen sie mich hätten festhalten können.

Ein Extrariemen zwischen meinen Beinen verhinderte, daß mir der Gurt über den Kopf rutschte. Ein längerer Riemen über meinem Rücken sorgte außerdem dafür, daß meine Eltern mich halten und mir wieder aufhelfen konnten, wenn ich fiel.

Es war ein ständiges Scheitern und immer wieder neues Versuchen, aber es klappte doch mit jedem Tag ein wenig besser, und schließlich kam der Tag, an dem ich ganz ohne fremde Hilfe gehen konnte. Die meisten Schwierigkeiten bereitete mir bei meinen Gehversuchen mein Gleichgewicht, das ich ohne Arme nur schwer halten konnte. Wie oft fiel ich kopfüber hin, so daß mein Kinn zahlreiche Striemen abbekam. An einem Weihnachtsabend rutschte ich auf einer spiegelglatten Steintreppe aus und schlug mir das Kinn so sehr auf, daß es in der Ambulanz genäht werden mußte.

Trotz allem: Tatsache war, ich lief!

Hilfe zur Selbsthilfe

Olle wurde geboren, als ich gerade etwas über ein Jahr alt war. Meine Eltern hatten den Rat bekommen, so schnell wie möglich nach meiner Geburt ein weiteres Kind zu bekommen, damit sie meine Entwicklung mit der eines etwa gleichaltrigen Kindes vergleichen konnten. Das Risiko, daß dieses zweite Kind eine ähnliche Behinderung haben könnte, wurde als minimal angesehen, und so war es denn auch: An Olle war alles dran!

Als ich zwei und Olle ein Jahr alt war, kauften meine Eltern ein Haus auf dem Land, und wir zogen dorthin. Unser Hof hieß Nydala und lag in Klerebo in Bankeryd, etwa zehn Kilometer nordwestlich der südschwedischen Stadt Jönköping. Es war ein kleines, abgeschiedenes Idyll mit herrlicher Aussicht über einen See.

Meine Mutter war bis zu meinem zehnten Lebensjahr ganztägig mit Olle und mir zu Hause. Vor meiner Geburt hatte sie eine Weile als Ergotherapeutin gearbeitet, und das kam ihr natürlich bei meiner Betreuung zugute.

Mein Vater war, wie ich bereits erwähnt habe, Polizist und Hundeführer. Da er Schichtdienst hatte, kam es öfter vor, daß er auch tagsüber zu Hause war, weshalb sich meine Eltern gegenseitig bei unserer Erziehung unterstützen konnten.

Ich weiß wohl, daß man im Nachhinein allzu leicht die eigene Vergangenheit nur in rosigen Farben sieht, aber dennoch möchte ich sagen, daß ich für meine glückliche Kindheit sehr dankbar bin .

Es war großartig, auf dem Land aufzuwachsen, nah an Wald

und See. Im Sommer bauten Olle und ich im Wald Hütten, pflückten Blaubeeren und Himbeeren, oder wir ruderten mit dem Kahn hinaus auf den See und angelten. Ich kann mich noch an den Tag erinnern, an dem ich meinen ersten Barsch fing. Wir grillten ihn noch am selben Abend, und er schmeckte ausgezeichnet. Wir waren oft unten am See, und wenn wir gerade nicht auf Angeltour waren, dann badeten wir, ließen uns auf der Luftmatratze treiben oder versuchten um die Wette zum gegenüberliegenden Ufer zu schwimmen.

In manchen Sommern bauten meine Eltern ein Zelt für uns auf. Es machte großen Spaß, darin zu übernachten – und morgens wieder darin aufzuwachen. Es war einfach herrlich, wenn wir morgens erwachten und die Sonne ihre warmen, hellen Strahlen durchs Zeltdach schickte.

In einem Winter versuchte ich mich im Schlittschuhlaufen – was jedoch nicht besonders erfolgreich war. Um so dankbarer war ich für das Kissen, das mir meine Mutter um meinen Po gebunden hatte.

Ansonsten gab es auch im Haus immer viel zu tun, und meine Mutter sorgte stets dafür, daß wir etwas hatten, womit wir uns beschäftigen konnten.

Mein Vater war nicht nur Polizist, sondern nach Feierabend auch Hobby-Landwirt – Mondschein-Farmer, wie wir in Schweden sagen. Sein großes Interesse waren Pferde. Zuerst hatten wir Reitpferde, dann Traber – und die nahmen einen großen Teil seiner Zeit in Anspruch.

Als wir auf unseren Hof zogen, gab es außerdem sehr viel zu renovieren. Ständig mußte irgend etwas erledigt werden. Dabei leistete ich meinem Vater oft Gesellschaft. Auch wenn ich keine besondere Hilfe für ihn war, durfte ich ihm zuschauen und mich mit ihm unterhalten. Es kam sogar auch einige Male

---

Ich spielte gerne mit meinem Bruder im Freien. (Photo: privat)

vor, daß ich ihm doch eine Hilfe sein konnte, zum Beispiel, als er im Keller den Fußboden verlegte. Ich machte mich dort nützlich, indem ich Nägel anreichte und Bretter festhielt. Und bei der Heuernte durfte ich sogar den Heuwagen fahren.

Oft nahm mein Vater Trabrennpferde mit hinaus und trainierte mit ihnen auf den Waldwegen. Auch dann durfte ich meistens dabei sein. Durch die vielen Dinge, die wir gemeinsam unternahmen, fühlte ich mich meinem Vater sehr eng verbunden.

Da wir auf dem Land ein wenig abgelegen wohnten, hatten Olle und ich nicht viele gleichaltrige Spielkameraden. So kam es, daß wir meist alleine spielten, und fast immer kamen wir auch gut miteinander aus. Das heißt natürlich nicht, daß wir nicht auch manchmal stritten – das tun ja schließlich alle Geschwister ab und an. Einmal versuchte Olle, mich zu ärgern, indem er mir den Stuhl genau in dem Moment wegzog, wo ich mich setzen wollte, und ein anderes Mal schubste er mich, als ich gerade die Treppe hinunterging. Aber ich muß ehrlich sagen, daß er so etwas nur sehr selten tat. Außerdem war ich meistens stärker als er, und er wußte, daß ich andere „Talente" entwickeln konnte, wenn es sein mußte. So hat er vor meinem „gefährlichen rechten Fuß" noch heute Respekt; er merkte schon recht bald, daß er sich vor ihm in acht nehmen mußte.

Ja, mir wurde ein wirklich guter Start ins Leben geschenkt, aber eigentlich habe ich diesen nicht so sehr der Landluft oder unseren schönen Spielen zu verdanken als vielmehr meinen Eltern.

Ein behindertes Kind aufzuziehen ist eine enorme Belastung, eine Herausforderung, die leicht zu einer *Über*forderung werden kann. Meine Eltern beschlossen jedoch von Anfang an, mich soweit wie möglich wie jedes andere Kind zu behandeln. Ich war ihre Tochter, die nun einmal eine Behinderung hat, aber nicht ihre behinderte Tochter. Ich spürte, daß sie mich so liebten, wie ich war und nicht wegen irgendwelcher Leistungen, und so fühlte ich mich in meiner Familie sehr geborgen.

Mein Bruder und ich wurden dazu ermutigt, uns mit den

Dingen zu befassen, die uns interessierten. Das führte dazu, daß ich eigentlich nie über meine Situation verärgert oder gar bitter wurde, denn ich sah meine Behinderung nicht als etwas Negatives an. Ich war immer der Meinung, ich sei genau wie alle anderen, nur mit dem einen Unterschied, daß ich die Dinge eben auf andere Art und Weise tat.

Meine Eltern ließen mir stets genügend Zeit, mir erst einmal selbst zu überlegen, wie ich mit bestimmten Situationen klarkommen konnte, anstatt mir sofort zu Hilfe zu eilen, wenn ich sie rief. Das wiederum stärkte meinen Mut und mein Selbstbewußtsein, so daß ich meistens selbst herauskriegen wollte, wie ich mein Leben meistern konnte.

Wenn ich jedoch einmal wirklich nicht mehr weiterkam, waren sie immer zur Stelle. Wobei sie mich jedoch nicht vor der Erfahrung des Enttäuschtseins behüteten, wenn mir einmal etwas nicht gelang. Auf diese Weise gewann ich die innere Freiheit, mit Erfolgen wie mit Mißerfolgen zurechtzukommen.

Ein Beispiel dafür, wie meine Eltern mit meinen Mißerfolgen umgingen, ist folgende Begebenheit: Eines Tages im Sommer waren wir als Familie bei Freunden eingeladen. Meine Eltern saßen draußen im Garten und unterhielten sich mit den Gastgebern. Olle und ich spielten mit ihren Kindern auf dem Rasen. Plötzlich fiel ich hin und rief nach meiner Mutter. Ich wollte, daß sie kam und mir aufhalf. Aber da hatte ich mich getäuscht, denn das wollte meine Mutter ganz und gar nicht.

„Kriech zu dem Zaun da drüben und lehne dich daran, dann kommst du schon wieder auf die Beine“, war ihre Antwort.

Ich befolgte ihren Vorschlag, und es klappte!

Manche Eltern würden jetzt vielleicht denken, daß meine Eltern mit einem solchen Verhalten herzlos waren, doch sie waren immer in meiner Nähe, so daß ich mich stets geborgen fühlte.

Das besondere Anliegen meiner Mutter war, daß alle Hilfe und Unterstützung, die mir meine Eltern gaben, letztlich dazu dienen sollte, daß ich lernte, mir selbst zu helfen. Aus ihrer Erfahrung als Ergotherapeutin wußte sie, wie schlecht es ist,

wenn behinderte Kinder überbehütet statt herausgefordert werden.

In meinen ersten Lebensjahren ging ich regelmäßig zur Kinderrehabilitation in Jönköping, wo ich jedes Mal anderen behinderten Kindern begegnete. Leider fühlte ich mich dort aber nicht wohl, denn es war nichts los, und es gab zu wenig, womit man sich beschäftigen konnte. Also langweilte ich mich maßlos. Und die Tatsache, daß laut Tagesplan alle Kinder nachmittags schlafen sollten, machte die Sache nicht gerade besser.

Meine Mutter nahm mich dann statt dessen mit zu den Kinderstunden in unserer Gemeinde, und das gefiel mir viel besser, denn hier war ich mit nicht-behinderten Kindern zusammen. Es war viel lustiger, mit ihnen zu basteln, zu spielen, zu singen und zu musizieren.

Meine Eltern spornten mich in dieser Hinsicht sehr an, so daß ich Freude daran gewann, immer wieder Neues zu lernen. Ganz besonders mochte ich es zum Beispiel, neben meiner Mutter zu sitzen und ihr beim Handarbeiten zuzusehen. Es dauerte gar nicht lange, und ich fing an, ihr nachzueifern – natürlich mit meinen Füßen. Ich hatte Spaß am Nähen und konnte stundenlang dasitzen und austüfteln, wie ich bestimmte Handgriffe (oder besser: „Fußgriffe") hinkriegen konnte. Ich wußte zwar, wie meine Mutter manche Dinge tat, aber ich mußte schließlich dasselbe mit meinen Füßen bewerkstelligen. Ich muß sagen, ich bin noch heute stolz auf das Bild mit Hahn und Hühnern, das ich mit fünf Jahren stickte, und auch auf das Tuch mit den winzigen Kreuzstichen, das ich ein paar Jahre später für meine Krankengymnastin anfertigte.

Mein Bruder Olle und ich beim Spielen. (Photo: privat)

Schon früh hatte ich großen Spaß am Malen und Zeichnen, und wenn man mich gewähren ließ, konnte ich mich einige Stunden lang damit beschäftigen. Ich hielt dann den Stift zwischen dem großen Zeh und dem zweiten Zeh meines rechten Fußes (ich bin also Rechtshänder, oder besser: „Rechtsfüßer"), während ich das Papier mit dem linken Fuß festhielt. Und so mache ich es auch heute noch.

Daß meine Eltern sich bemühten, mich wie ein gewöhnliches Kind zu behandeln, war nicht nur wichtig für mich, sondern auch für Olle. Da meine Umgebung nicht immer diese Einstellung mir gegenüber teilte, wurde ich aufgrund meiner Behinderung häufig bevorzugt behandelt. So steckten allzu liebe Tanten und Onkel meinen Eltern oftmals kleine Extra-Pakete für mich zu, wenn mein Geburtstag anstand.

Diese Pakete bekam ich dann natürlich auch, aber meine Eltern achteten sehr darauf, daß Olle genausoviele Geschenke erhielt, wenn er Geburtstag hatte.

Mein großes Hobby – das Nähen – sowohl mit der Hand als auch mit der Maschine. Damit konnte ich mich stundenlang befassen, wenn man mich ließ. (Photo: privat)

Mit Prothese und Hakenstab

Im allgemeinen kam ich mit meiner Prothese ganz gut zurecht. Zwei- bis dreimal im Jahr mußte ich in die orthopädische Klinik in Uppsala, um meine Beinprothese kontrollieren zu lassen, und etwa einmal im Jahr bekam ich eine neue – je nachdem, wie stark ich gewachsen war.

Der Weg von Bankeryd nach Uppsala war nicht gerade kurz, aber die dortige Klinik war nun einmal auf meine Behinderung spezialisiert. Auch wenn die Reise mehrere Stunden dauerte, waren es doch wenigstens immer schöne Familienausflüge. Nur wenn es dann wieder einmal Zeit für eine neue Prothese war, war die ganze Sache weniger angenehm. Dann wurde nämlich mein linkes Bein mit feucht-warmen Gipsbinden komplett umwickelt, wobei man mir zuvor eine Eisenschiene oben auf das Bein legte. Sobald der Gips hart geworden war, nahm der Orthopäde ein scharfes Messer und schnitt ihn von oben her auf. Auf diese Weise entstand eine Form, nach der dann jeweils meine neue Prothese angefertigt wurde. Obwohl das immer eine ekelige Angelegenheit war, war es gleichzeitig auch interessant, den Orthopäden bei ihrer Arbeit zuzuschauen.

Im Laufe der Zeit gewöhnte ich mich mehr und mehr an meine Prothese und konnte damit schon bald mein Gleichgewicht alleine halten. Zuhause hüpfte ich dagegen am liebsten auf einem Bein herum, denn so war ich flinker. (Ich lernte sogar, zwei Stufen auf einmal zu nehmen. Nicht umsonst trug ich den Spitznamen „Irrwisch“.) Wenn ich jedoch nicht zu Hause war, war mir meine Prothese eine unschätzbare Hilfe.

Als ich zehn, elf Jahre alt war, wurde ganz in unserer Nähe, in Skövde, ein neues, großes Krankenhaus gebaut. Dieses hatte auch eine orthopädische Abteilung, und so wurde ich den dortigen Ärzten zugeteilt. Die weiten Reisen nach Uppsala, blieben mir also fortan erspart.

Eigentlich wäre dieser Umstand auch sehr praktisch gewesen, wenn sich nicht schon bald herausgestellt hätte, daß ich mit meinen Beinprothesen von Skövde bei weitem nicht so gut zurechtkam wie mit denen aus Uppsala. Die Orthopäden hatten die Belastung falsch berechnet, so daß die Prothese scheuerte, und ich nur sehr schlecht damit laufen konnte. Mehrere Male war ich daraufhin mit meinen Eltern in der Klinik und versuchte den dortigen Fachleuten meine Schwierigkeiten klarzumachen, damit sie an der Prothese noch einmal Änderungen vornahmen, aber ich hatte den Eindruck, daß sie mir gar nicht richtig zuhörten. Ich war ständig unzufrieden.

Als ich eines Tages mit einigen anderen Jugendlichen draußen im Wald unterwegs war, knackte es plötzlich in meiner linken Hüfte. Es tat fürchterlich weh – einen solchen Schmerz hatte ich bis dahin noch nie erlebt! Ich konnte keinen Schritt weitergehen und mußte meine Prothese abnehmen. Gott sei Dank war mein Vater dabei und konnte mich die zwei Kilometer bis nach Hause tragen.

Vielleicht hätten wir gleich ins Krankenhaus fahren sollen, aber sowohl ich als auch meine Eltern hatten schon damals jegliches Vertrauen in das Krankenhaus von Skövde verloren. Deshalb wehrte ich mich mit allen Mitteln dagegen, und meine Eltern verstanden mich gut.

Doch der Schmerz war unerträglich. Drei Tage und Nächte saß ich unbeweglich in einer Art provisorischem Rollstuhl, denn ich konnte mich weder in ein Bett noch aus einem Bett heraus bewegen, ohne mir fürchterliche Schmerzen zuzufügen. Erst in der vierten Nacht konnte ich mich ganz langsam in mein Bett begeben, aber jedes Mal, wenn ich mich bewegte, zitterte mein linkes Bein gewaltig, und ich schrie vor Schmerzen. Das einzige, was ich bewegen konnte, war mein Kopf. Deshalb konnte ich in diesen Tagen auch nichts anderes tun als lesen. Mein Favorit war die Bibel!

Während der folgenden beiden Jahre saß ich dann ständig im Rollstuhl. Der Schmerz in der linken Hüfte ließ zwar langsam nach, aber ich weigerte mich, meine Beinprothese zu benutzen, denn sie schmerzte nur. Natürlich war es mühsamer, mich mit dem Rollstuhl fortzubewegen, andererseits war es auch eine nützliche Erfahrung, das Leben in einem Rollstuhl kennenzulernen. In gewisser Hinsicht wurde es mir sogar zum Vorteil, denn da ich nun nicht mehr auf meinen Beinen stehen mußte, konnte ich nun meine Füße viel öfter wie Hände gebrauchen. Wenn ich zum Beispiel in einem Geschäft einkaufen war, mußte ich die Kassiererin nicht mehr darum bitten, das Geld aus meiner Tasche zu nehmen; statt dessen konnte ich es nun selbst mit meinen Füßen herausholen.

Ich mußte aber auch vieles andere lernen, unabhängig davon, ob ich nun im Rollstuhl saß oder nicht. Die Idee, wie ich es lernen könnte, mich selbst an- und auszuziehen, entstand während eines zweiwöchigen Sommerkurses für Behinderte in Bräcke Östergård in Göteborg.

Viele meiner behinderten Freunde hatten mir Schauriges über Bräcke erzählt; es sei ein Ort, wo man eben hin mußte, wenn die Eltern einmal eine Entlastung von ihrem behinderten Kind brauchten oder in den Urlaub fahren wollten. Die meisten von ihnen empfanden es außerdem als großen Schmerz, einfach so „abgeschoben" zu werden.

Ich dagegen freute mich sehr auf Bräcke. Meine Eltern hatten nie das Bedürfnis verspürt, von mir entlastet zu werden oder ohne mich Urlaub zu machen, so daß ich sehr neugierig war, als ich von Bräcke hörte und von all dem, was man dort unternehmen konnte. Außerdem hatte ich bereits an einem wunderschönen Frühlingstag, als ich mit meiner Mutter nach Bräcke gefahren war, um dort eine Ausstellung von Unterrichtshilfsmitteln anzuschauen, einige der Betreuer kennengelernt und sie sofort in mein Herz geschlossen. So kam es, daß ich im folgenden Sommer zwei herrliche Wochen dort verbrachte.

Gemeinsam mit einem Ergotherapeuten versuchte ich in diesen Wochen also, zu lernen, mich selbst an- und auszuziehen. Pullover waren kein Problem, sie zog ich einfach mit Hilfe meines Fußes über den Kopf. Mit den Blusen klappte es ebenfalls ganz gut. Ich knöpfte sie zuerst mit den Füßen zu und zog sie dann über den Kopf, genau wie bei den Pullovern. Schwieriger war es dagegen mit Schlüpfern, Jeans und Badeanzug, da ich mit meinen Füßen nicht bis an die Taille herankam. Einige Male hatte ich versucht, meine Hosen hochzuziehen, indem ich mich gegen etwas lehnte, das hervorstand, zum Beispiel eine Tischkante, aber das Kleidungsstück wollte nirgendwo einen richtigen Halt finden. Vielleicht würde es mit einem Haken besser funktionieren?

Wir schraubten also versuchsweise an der Wand einen Haken fest, und siehe da: es klappte ausgezeichnet. Das Problem war nur, daß ich ja nicht ständig einen Haken mit mir herumtragen konnte, den ich dann erst einmal an jeder Toilettenwand oder in allen möglichen Umkleideräumen festschrauben mußte. Diese Idee mußte also noch ein wenig abgewandelt werden, und nach einigem Hin- und Herüberlegen kam ich darauf, daß die beste Lösung wohl ein einfacher Stab mit Haken wäre, der lang genug und so beschaffen war, daß ich ihn mit meinem Mund halten konnte.

Ein solcher Stab wurde also für mich angefertigt, und damit klappte es von Anfang an. Seit dem Tag trage ich ständig meinen Hakenstab bei mir, wo ich auch bin. Einmal vergaß ich ihn, aber in solchen Situationen muß man sich halt mit dem begnügen, was man vorfindet. Inzwischen habe ich herausgefunden, daß auch ein Kleiderbügel diese Dienste tun kann, obwohl er bedeutend sperriger ist, und man viel länger braucht, bis man angekleidet ist; es ist aber auf jeden Fall viel besser, alleine auf die Toilette gehen zu können, als ständig einen Begleiter dabeihaben zu müssen.

Schule – auf meine Weise

Ich glaube, meine Mutter und mein Vater waren an meinem ersten Schultag nervöser als ich. Doch trotz aller Aufregung kamen wir pünktlich an der Schule an. Auch die anderen I-Männchen trudelten nach und nach mit ihren Eltern ein, so daß nach einer Weile der Schulhof voll war. Natürlich fielen gleich zahlreiche Blicke auf mich. Man fragte sich wohl, warum ich so aussah, wie ich es eben tat. Schon bald wagten sich einige der Kinder an mich heran und begannen, sich mit mir zu unterhalten und Fragen zu stellen. Ich antwortete ihnen so gut ich konnte. Als sie sich nach einer Weile schließlich an mich gewöhnt hatten, war meine Behinderung etwas Natürliches für sie, und ich wurde von ihnen angenommen wie jeder andere Spielkamerad auch.

In meiner Klasse stand eine besondere Schulbank, die extra für mich angefertigt worden war. Der Tisch hatte dieselbe Höhe wie der Stuhl, und obenauf war eine Art Regalfach, in das ich meine Bücher stellen konnte. Auf diese Weise konnte ich ohne Probleme mit meinem Fuß ein Buch hervorholen. Wenn die Lehrerin eine Frage stellte und wir uns mit unseren Händen melden sollten, streckte ich für gewöhnlich meinen Fuß empor – das heißt, wenn ich die Frage beantworten konnte . . .

Schon in der Vorschule hatte ich eine persönliche Betreuerin bekommen. Sie hieß Pia Lundström und begleitete mich bis zur fünften Klasse. Bei bestimmten Dingen, mit denen ich alleine nicht zurechtkam, war sie mir eine große Hilfe, aber dennoch versuchte ich immer zuerst, soweit wie möglich, allein klarzukommen. Das wollte ich auch selbst, denn ich fand, daß es Spaß machte. Doch mein Vater und meine Mutter waren ständig voll und ganz damit beschäftigt, allen Erwachsenen, mit denen ich in der Schule und in der Freizeit zu tun hatte, diese eine Botschaft einzuschärfen: „Laßt Lena soviel wie möglich allein machen. Helft ihr nicht, solange es nicht unbedingt nötig ist!“

Die Schule machte mir Spaß, auch wenn vieles neu und anders war. Wenn ich manchmal traurig war, so war es wohl deshalb, weil ich nie eine richtige „beste Freundin“ hatte.

Während der ersten drei Schuljahre waren viele Mädchen jeweils zu zweit sehr eng miteinander befreundet, aber ich hatte nie jemanden. So manches Mal bin ich nach der Schule zu meiner Mutter gegangen und habe sie weinend gefragt, warum denn niemand meine beste Freundin sein wollte, und meine Mutter erklärte es mir meistens so, daß ich wegen meiner Behinderung so viel Hilfe benötigte, daß wohl kein gleichaltriges Mädchen dieser Situation gewachsen wäre. Ich mußte also statt dessen lernen, mich auf mehrere Kinder gleichzeitig einzulassen. Dadurch mußte mir nicht immer ein- und dieselbe Person helfen, wenn es nötig war. Natürlich war ich auch weiterhin manchmal traurig, obwohl ich die Gründe kannte, warum niemand meine „beste Freundin“ sein wollte, aber im Nachhinein gesehen, habe ich auf diese Weise eine Vielzahl von Freundschaften geschlossen. Ich lernte dabei auch, mit neuen Leuten Kontakt zu knüpfen und überwand meine Angst und Scham über meine Behinderung.

Für meine Eltern waren solche Enttäuschungen manchmal schlimmer zu ertragen als für mich. Während der Zeit, als ich im Rollstuhl saß, unternahmen wir einen Schulausflug zum Vergnügungspark Liseberg in Göteborg. Alle freuten sich darauf, mich eingeschlossen, aber da es offensichtlich war, daß es schwierig für mich werden würde, mich dort fortzubewegen, sollte mein Vater mitfahren und mich, wo es nötig war, tragen. Zwar hatten zwei meiner Klassenkameraden hoch und heilig versprochen, daß sie meinen Rollstuhl schieben würden und die ganze Zeit bei mir bleiben wollten, doch das ging nur für einige Stunden gut. Dann wurde plötzlich ihre Aufmerksamkeit auf etwas ganz anderes gelenkt, was sie faszinierte, und schwuppdiwupp liefen sie fort und vergaßen mich.

Ich selbst machte mir nicht viel daraus. Ich rief einfach meinen Vater und bat ihn, mich auch dorthin zu fahren, wohin meine Klassenkameraden soeben verschwunden waren. Meinem Vater fiel es da schon schwerer, die Situation zu verkraften. Obwohl er wußte, daß meine Freunde nur aus Gedankenlosigkeit gehandelt und nichts Böses beabsichtigt hatten, tat es ihm weh, zu sehen, daß ich hilflos zurückgelassen und vergessen wurde.

Natürlich kam es auch dann und wann vor, daß mich einige Klassenkameraden wegen meiner Behinderung hänselten – halb aus Spaß, halb im Ernst –, da ich mir aber niemals etwas daraus machte, verlor die Hänselei für sie bald ihren Reiz, und ich wurde wieder in Ruhe gelassen.

Als ich etwa fünfzehn oder sechzehn war und in die Oberstufe des Gymnasiums ging, war einer meiner Spitznamen „Einbein“ und später dann „Loony Macaroony“, was ich aber nur lustig fand. Ich nahm mir eigentlich nie etwas wirklich zu Herzen, so daß echte Mobber bei mir keine Chance gehabt hätten. Meine Eltern hatten ja auch gar nicht erst damit begonnen, mich oder meine Behinderung vor anderen zu verbergen, so daß ich sehr wohl daran gewöhnt war, daß die Leute mich anschauten und neugierige Fragen stellten. Im übrigen hatte ich schon früh lernen müssen, daß mein Wert nicht in meinem Aussehen lag, sondern in mir selbst. Es gab also nichts, für das ich mich schämen mußte!

Statt dessen lernte ich, meine Behinderung positiv zu nutzen. Wenn wir mit der Klasse Dinge unternahmen, bei denen ich nicht mitmachen konnte, suchte ich nach Möglichkeiten, wie ich trotzdem dabeisein konnte. Ich wollte die Sportstunden nicht nur nutzlos auf einer Seitenbank verbringen, aber Basketball oder Handball spielen, war ohne Arme unmöglich – und im übrigen auch gegen die Spielregeln! Da kam mir die Idee, daß ich mich als Schiedsrichterin eignen könnte, denn herumlaufen konnte ich schließlich. Auf diese Weise konnte ich trotzdem am Spiel teilnehmen.

Bei anderen Gelegenheiten empfand ich es sogar als besonders vorteilhaft, daß ich nicht mitmachen konnte. Dazu gehörten mehrstündige Orientierungsläufe im Wald, die mich auch als Nichtbehinderten nicht hinter dem Ofen hätten hervorlocken können. Ich muß zugeben, daß ich es viel bequemer fand, am Ziel zu sitzen und die Läufer zu begrüßen, wenn sie dort ankamen.

Bestimmte Sportarten kamen für mich also erst gar nicht in Frage, aber ich war um so besser im Schwimmen. Schon seit ich klein war, ging ich zum Schwimmunterricht, weshalb ich bereits zu Beginn unseres Schwimmunterrichts mehr Übung darin hatte als meine Klassenkameraden. Als ich dann in die siebte Klasse ging und wir einen Schulwettkampf im Schwimmbad hatten, wurden mein Klassenkamerad Torbjörn und ich ausgewählt, um für unsere Klasse an einem der Wettbewerbe teilzunehmen. Das war für mich ein großer Tag, denn Torbjörn und ich besiegten doch tatsächlich die anderen fünf Klassen. Trotz dieser herausragenden Leistung stand dann später aber nur eine zwei in meinem Sportzeugnis. Das fand ich damals sehr ungerecht!

Die Schulzeit an sich erlebte ich jedoch im großen und ganzen als problemlos. Es waren eher mein Eltern, die nicht selten bei den unterschiedlichsten Behörden, Schulautoritäten und anderen Verantwortlichen Hindernisse zu überwinden hatten, denn diese glaubten oft, daß sie alles besser wüßten als meine Eltern. Wie zum Beispiel damals, als ich in die siebte Klasse ging und schon sehr selbständig geworden war. Ich konnte mich inzwischen selbst ankleiden und alleine zur Toilette gehen, so daß ich eigentlich keine Hilfe mehr dabei benötigte. Auch beim Sport kam ich im Umkleideraum allein zurecht. Das einzige, wobei ich gelegentlich Hilfe brauchte, war, wenn mir eines meiner Bücher zu weit in meinen Spind gefallen war, so daß ich nicht mehr dran kam, oder wenn mir jemand die Jacke zuknöpfen mußte. Auch meine Betreuerin merkte, daß ich sehr gut alleine klarkam, und weil sie fand, daß sie mit meiner Betreuung nun nicht mehr richtig ausgelastet war, begann sie statt dessen, im Sekretariat der Schule auszuhelfen.

Als ich dann die siebte Klasse beendet hatte, rief mein Vater den Direktor unserer Schule an und erklärte ihm, daß ich fortan keine Betreuerin mehr benötigen würde, da ich überwiegend sehr gut alleine zurechtkäme, und daß mir genausogut auch meine Klassenkameraden bei den wenigen Dingen helfen könnten, die ich nicht alleine bewerkstelligen konnte. Aber, man glaubt es kaum, das war schier unmöglich! Der Direktor war der Auffassung, daß man meinen Mitschülern auf gar keinen Fall eine so große Verantwortung (wie ein Buch aus dem Schrank holen oder eine Jacke zuknöpfen) auferlegen könne.

Wir führten eine Menge Besprechungen und ellenlange Diskussionen über dieses Thema, aber die Schulseite war fest entschlossen und rückte nicht von ihrer Meinung ab, was zur Folge hatte, daß ich – überflüssigerweise – auch in der achten Klasse noch meine Betreuerin hatte. Wir sahen uns ungefähr einmal pro Woche, nur um einander kurz „Hallo“ zu sagen. Dagegen hatte das Sekretariatspersonal allen Grund zur Freude, denn durch diese unsinnige Regelung erhielten sie ein weiteres Jahr lang eine kostenlose Mitarbeiterin.

Geborgener kann niemand sein . . .

Gott war für mich seit meiner Kindheit eine Selbstverständlichkeit. Es ist schwer zu erklären, aber auf eine kindliche Weise wußte ich, daß er da war. Meine Eltern waren und sind immer noch sehr aktive Mitglieder in einer der schwedischen Freikirchen, und für sie war Gott so selbstverständlich wie die Luft, die sie atmeten. Gott war für sie jemand, auf den sie in guten wie in schweren Tagen vertrauen konnten, eine Art Grundgeborgenheit, jemand, der sie bedingungslos liebte. So ist es dann auch logisch, daß mich dieser Glaube prägte.

Dieser Glaube, den ich durch meine Eltern kennenlernte, war aber weit entfernt von einem strengen Frommsein. Sie beteten jeden Abend mit Olle und mir ein Gute-Nacht-Gebet, und wir sangen dann anschließend gemeinsam den Choral „Geborgener kann niemand sein" (alle fünf Verse). Niemals stellten unsere Eltern jedoch irgendwelche Forderungen an uns, wie wir zum Beispiel zu beten hätten oder daß wir uns auf eine bestimmte Weise betragen sollten. Und dennoch hatten alle unsere Gespräche Gott als Ausgangspunkt.

Meine Mutter und mein Vater waren sehr engagiert in der Gemeinde von Habo – einer von fünf (!) Kirchen des kleinen Ortes und einer von vielen freikirchlichen Gemeinden im sogenannten Bibelgürtel von Småland.

Mein Vater war dort für die Jugendlichen verantwortlich, die deshalb auch ziemlich oft zu uns nach Hause kamen, und meine Mutter war Sonntagsschullehrerin und Jungscharleiterin. Das Engagement meiner Eltern nahm viel Zeit in Anspruch, aber sie hatten sich von Anfang an vorgenommen, daß wir bei allem, was sie unternahmen, dabei waren, so daß wir als Kinder nie den Eindruck hatten, daß die Kirche unsere Familie in irgendeiner Weise verschlingen würde. Wir gingen mit unseren Eltern an jedem zweiten Tag in die Gemeinde und sonntags zur Kirche. Sie verlangten zwar von uns, daß wir während des Gottesdienstes still waren, aber wenn es uns zu langweilig wurde, durften wir etwas malen oder ein Bilderbuch anschauen.

Ich besuchte in dieser Gemeinde die Sonntagsschule, die Kinderstunden und den Kinderchor. Als ich dann etwas älter wurde, folgten Jungschar, Jugendchor und Jugendgruppe. Ich verfolgte aufmerksam, was uns unsere Gruppenleiter und der Pastor erzählten, und dachte über alles nach. Auf diese Weise schenkte mir der Glaube an Gott große Geborgenheit, und als ich etwa zwölf, dreizehn Jahre alt war, fing ich an, bewußter nach ihm zu fragen. Viele Leute in unserer Freikirche berichten häufig davon, daß sie besondere Erlebnisse hatten, als sie sich bekehrten und für Gott entschieden. Ich jedoch kann nicht behaupten, daß ich jemals ein solches Erlebnis hatte. Doch wahrscheinlich kommt das daher, daß der Glaube schon immer ein natürlicher Bestandteil meines Lebens gewesen ist.

Die Gemeinde bedeutete mir aber auch in anderer Hinsicht enorm viel. Denn ich konnte als Behinderte in einer Gemeinschaft aufwachsen, in der ich als diejenige akzeptiert wurde, die ich war, wo ich als Mensch Raum bekam. Im übrigen glaube ich, daß alle Jugendlichen in meinem Alter, die in der Gemeinde in Habo groß wurden, dieselben Erfahrungen gemacht haben. In der Gemeinde gab es viele verschiedene Altersgruppen, aber die Ältesten achteten sehr darauf, daß auch wir, die wir jünger waren, die Gemeinde als unser Zuhause betrachten konnten. Sie vertrauten uns und ließen uns gewähren, wenn wir unsere Projekte und Veranstaltungen auf unsere Weise durchzogen.

Als Jugendliche waren wir eine zusammengeschweißte Clique von ungefähr fünfzehn Personen, überwiegend Mädchen, die zusammen durch dick und dünn gingen. Wir waren fest im Gemeindeleben integriert und verbrachten meist den gesamten Sonntag miteinander, angefangen beim Gottesdienst bis in den Abend hinein, an dem wir oft im Jugendraum der Kirche saßen und Kaffee tranken. Ansonsten schlenderten wir häufig gemeinsam durch die Stadt oder verbrachten den Abend bei jemandem von uns daheim. Wir waren fast alle zusammen aufgewachsen, so daß wir einander in- und auswendig kannten. Für diese Gruppe von echten Freunden war ich einfach nur Lena, eine ganz normale Kameradin, und auf keinen Fall jemand, der eine Sonderbehandlung nötig hatte.

Dieser Aspekt kam deshalb auch häufig sehr unterschiedlich zum Ausdruck:

Als ich einmal traurig darüber war, daß ich nicht zu einer Kanutour mitkommen konnte, obwohl ich mir dies so sehr gewünscht hatte, fand niemand aus der Gruppe, daß es einen Grund gäbe, mich deswegen zu bemitleiden.

„Du verstehst doch wohl, daß du nicht mitkommen kannst!“ sagten sie fast entrüstet.

Andererseits fanden sie, als ich achtzehn wurde, daß es doch nun Zeit sei, daß ich meinen Führerschein machte.

„Warum macht sie eigentlich keinen Führerschein?“ fragten sie mich und dies nicht aus Boshaftigkeit.

Für mich war es natürlich viel komplizierter als für sie, den Führerschein zu erlangen. Ich hatte einen Antrag auf finanzielle Unterstützung gestellt, damit ich ein Auto kaufen konnte, das dann umgebaut werden sollte, damit es meinen Bedürfnissen entsprach. Erst als diese Angelegenheit geklärt war, konnte ich daran denken, Fahrunterricht zu nehmen. Und von da an ging dann alles sehr rasch.

Wie ein Fisch im Wasser

Bei der Weltmeisterschaft in Göteborg ertönte aus allen Lautsprechern unsere schwedische Nationalhymne – wegen mir. Es war warm und sonnig und der Himmel strahlend blau. Um meinen Hals trug ich ein Band, an dem eine Goldmedaille hing, und das Gefühl, sie erlangt zu haben, war herrlich! Gerade hatte ich im 50-Meter-Rückenschwimmen gewonnen.

Dabei fand ich, daß alles verblüffend einfach gewesen war. Viele meiner Freunde hatten jahrelang eisenhart trainiert, um dorthin zu gelangen, wo ich jetzt stand. Irgendwie konnte ich es immer noch kaum glauben, daß ich nun in der Nationalmannschaft war.

Wer hätte das gedacht, als ich damals als Dreijährige zum ersten Mal mit Olle und meinen Eltern in Jönköping ins Schwimmbad durfte? Damals begann ich nach der sogenannten Halliwick-Methode schwimmen zu lernen. Diese Methode kam aus England, und das besondere daran war, daß das Kind ohne Hilfsmittel wie Schwimmreifen oder aufblasbare Flügel schwimmen lernen sollte.

Die Eltern und Gruppenleiter waren während der Übungsstunden ständig bei uns im Schwimmbecken und lehrten uns, daß wir keine Angst vor dem Wasser zu haben brauchten. Stig Sjölander, ein Pastor aus Jönköping, der auch ein behindertes Kind hatte, hatte von der Halliwick-Methode gehört und organisierte daraufhin einen Kurs für alle behinderten Kinder, die gerne schwimmen lernen wollten. Sich im Wasser zu bewegen ist für den ganzen Körper sehr gut. Und besonders wenn man bewegungsgestört ist, ist dies eine gute Möglichkeit, gerade die Muskeln zu trainieren, die sonst wenig beansprucht werden.

Gewöhnlich gingen wir als komplette Familie zum Schwimmen, außer dann, wenn mein Vater arbeiten mußte, und es machte uns immer großen Spaß. Zu Beginn des Kurses trafen wir uns einen Abend pro Woche, um zunächst einmal verschiedene Wasserspiele zu spielen. Jeder Teilnehmer hatte einen oder beide Elternteile bei sich, und manchmal kamen sogar die Geschwister mit, so daß das Becken meist überfüllt war.

Als sich dann einige von uns etwas mehr mit dem Wasser vertraut gemacht hatten, versuchten wir, uns auf den Armen unserer Eltern treiben zu lassen. Ich war fünf, als meine Mutter und mein Vater es schließlich wagten, mich loszulassen und ich mich alleine treiben lassen konnte.

Ein Jahr später war ich soweit, daß ich schwimmen konnte. Da ich gelernt hatte, mich auf dem Rücken liegend über Wasser zu halten, war es nur zu natürlich, daß ich mit Rückenschwimmen begann. Zu Anfang strampelte ich nur mit den Beinen und bewegte mich auf diese Weise vorwärts, aber eins kam zum anderen, und bald konnte ich mich im Wasser umdrehen und genauso gut Brustschwimmen. Nur der Kopf schaute noch oben heraus!

Auch das Tauchen machte mir großen Spaß, obwohl ich manchmal nur allzu gut an der Wasseroberfläche trieb und nicht so leicht in die Tiefe kam. Meine Schwimmkameraden meinten dann immer, ich schwämme wie ein Korken, während mein Vater wie ein Stein sänke.

Als ich in der zweiten Schulklasse mit meinen Klassenkameraden zum Schwimmunterricht ging, war ich schon ein kleiner Profi. Ich durfte sofort ins tiefe Becken springen und schaffte

---

Ich lernte nach der sogenannten Halliwick-Methode schwimmen (hier mit meinem Schwimmlehrer Stig Sjölander), als ich drei Jahre alt war. (Photo: Stewe Andersson)

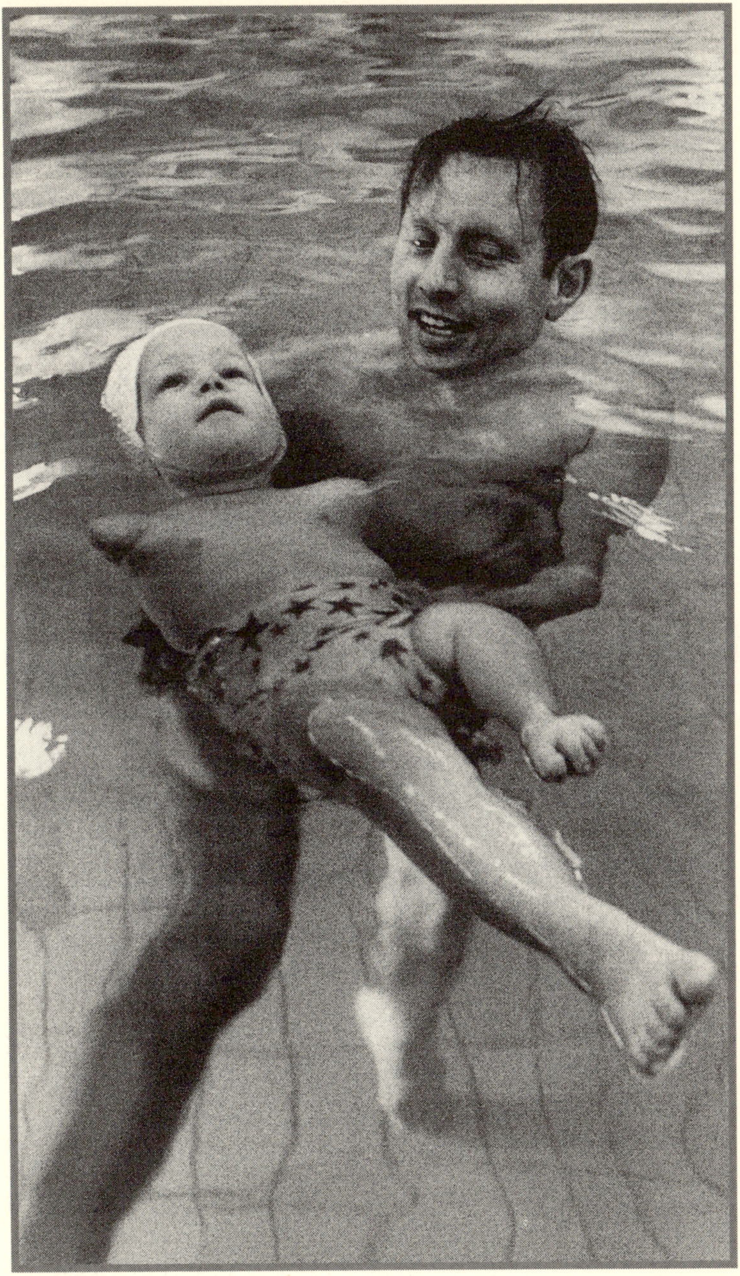

es, eine Strecke von 200 Metern zu schwimmen. Daraufhin erhielt ich ein kleines Abzeichen, das mich als Schwimmer auswies.

Nachdem ich dann richtig gut schwimmen konnte, machte ich mit dem Schwimmunterricht weiter, um verschiedene Schwimmtechniken zu trainieren. Dabei stellte sich heraus, daß mir der Delfin am besten lag, und so wurde dieser Schwimmstil meine Spezialität. Hierbei bewegt man den Körper in einer Wellenbewegung, während man mit den Beinen und Füßen arbeitet, um vorwärts zu kommen. Man versucht eben, einen Delfin nachzuahmen. Nachdem ich diesen Stil schließlich beherrschte, begann ich auch, ihn beim Rückenschwimmen anzuwenden.

Nun stand ich also mit der Goldmedaille bei einer Weltmeisterschaft auf dem Siegerpodest. Und noch drei Jahre zuvor hatte ich geglaubt, ich würde nie wieder mit dem Schwimmen beginnen.

Nachdem ich also meinen eigenen Schwimmstil herausgefunden und auch alle anderen Stile trainiert hatte, wollte ich als Krönung meiner Schwimmerlaufbahn mit dem Springen weitermachen. Drei Schulhalbjahre übte ich mit den anderen vom Ein-Meter-Brett zu springen, und wir hatten dabei sehr viel Spaß. Im vierten Halbjahr aber, als alle dazu übergehen sollten, vom Drei-Meter-Brett zu springen, wurde mir davon abgeraten. Wenn ich sprang, gelangte schließlich zuerst mein Kopf ins Wasser, und es wurde als sehr unratsam angesehen, dies von einer so großen Höhe aus zu tun, ohne zuerst mit den Händen das Wasser teilen zu können. Damit, so glaubte ich damals, waren alle meine Schwimmaktivitäten zu Ende, denn ich konnte mich schließlich nicht mehr weiterentwickeln.

Ich trieb aber auch weiterhin Sport. Eine Freikirche in Habo veranstaltete jeden Mittwochabend und Samstagvormittag ein Volleyballtraining in einer der Sporthallen des Ortes. Mein Einstieg dort war hart: in der ersten Trainingsphase köpfte ich eine halbe Stunde ununterbrochen Bälle, die man mir zuwarf, und hatte natürlich am Tag darauf fürchterliche Kopfschmerzen. Andererseits bewirkte diese Anfangszeit, daß ich niemals Angst hatte, wenn mir der Ball entgegenkam, und es tat auch bald nicht mehr weh, ihn zu köpfen.

Mit dieser Volleyball-Mannschaft nahmen wir sogar manchmal an Wettkämpfen teil, die von verschiedenen Kirchen in der Region von Skaraborg veranstaltet wurden. Es war toll, daran teilzunehmen, auch wenn unsere reine Mädchenmannschaft häufig schon früh ausschied, aber danach hatten wir schließlich noch die Möglichkeit, bei den anderen Spielen Zuschauer zu sein, vor allem, wenn die großen Jungs von Tibro spielten.

1983 klingelte eines Tages unser Telefon, es war jemand aus Jönköping, der uns mitteilen wollte, daß man dort einen Verein für Behindertensport gründen würde. Außerdem fragte er an, ob ich als Schwimmerin dabei sein wollte. Über mich waren bis dahin bereits in verschiedenen Zeitungen Berichte erschienen, so daß ich in unserer Region ziemlich bekannt war. Wenn ich mich also entscheiden würde, in diesem Verein mitzumachen, so argumentierte man, würde dies vielleicht auch andere Behinderte motivieren, schwimmen zu lernen. Ich fand diesen Vorschlag sehr gut, und so kam es, daß ich nach einer fast zweijährigen Enthaltsamkeit von allen Arten des Wassersports wieder mit dem Schwimmtraining begann.

Bald nahm ich hier und da an verschiedenen Wettbewerben teil, unter anderem an einem nordischen Wettbewerb in Finnland. Das alles machte mir sehr viel Spaß. Als unser Schwimmclub dann 1986 eine Einladung erhielt, an der Schwedischen Meisterschaft im Behindertenschwimmen teilzunehmen, ermutigte man mich sehr, doch dabei anzutreten.

Die Wettkämpfe fanden in Stockholm statt, und ich sollte in vier verschiedenen Disziplinen meiner Behinderungsklasse an den Start gehen: 25-Meter-Delfin, 25-Meter-Rückenschwimmen, 25-Meter-Brustschwimmen und 25-Meter-Freistil. Wir Teilnehmer hatten große Mühe, über alle Bahnen und Zeitpläne unserer Wettkämpfe den Überblick zu behalten, denn der Behindertensport war damals in noch größerem Maße als heute ein Gewirr von Klasseneinteilungen, so daß es schon ein

Wettbewerb in sich war, zum rechten Zeitpunkt am rechten Ort zu sein.

Aber es ging dann doch alles gut. Sowohl im Rückenschwimmen als auch im Freistil kam ich auf den zweiten Platz und brachte zwei Silbermedaillen mit nach Hause. Im Brustschwimmen war ich die letzte in meiner Klasse, aber dafür war ich bei meiner Spezialdisziplin um so erfolgreicher: Ich gewann im Delfin und schlug gleichzeitig den schwedischen Rekord!

Ich war genauso erstaunt wie alle anderen! Die Leiter der schwedischen Nationalmannschaft wurden dadurch sofort auf mich aufmerksam, und noch bevor die Schwedischen Meisterschaften zu Ende waren, hatte ich mich für einen Platz in der schwedischen Nationalmannschaft qualifiziert.

Wow!

Nun war ich plötzlich dazu gezwungen, das Schwimmen ernster zu nehmen, und so begann ich, viermal statt einmal pro Woche zu trainieren. Außerdem mußte ich auch dann und wann mit unserer Mannschaft ins Trainingslager. Jan-Oke Sundbring war zu dieser Zeit Bademeister und Schwimmlehrer in der Schwimmhalle in Råslätt, wo ich trainierte. Er war früher einmal Trainer für Eliteschwimmer gewesen, und nun nahm er sich meiner an und sollte für mehrere Jahre mein persönlicher Trainer werden.

Während unserer intensivsten Trainingsphasen schwamm ich täglich zwischen 2.000 und 3.000 Metern – manchmal allein, manchmal gemeinsam mit einigen anderen behinderten Schwimmern und wiederum andere Male mit den Eliteschwimmern des Sportvereins SS Jönköping. Einige Leute glaubten damals wohl schon, ich würde in der Schwimmhalle wohnen. Aber es galt, so viel wie möglich zu trainieren, damit mein gesundes Bein noch kräftiger wurde und gleichzeitig die Delfinbewegung zu üben. Dabei mußten die Bewegungen des rechten Beines eine rhythmische Wellenbewegung von den Zehen bis zum Kopf und zurück erzeugen. Meine Musikalität und mein Gefühl für Rhythmus leisteten mir dabei gute Dienste.

Jan-Oke Sundbring und ich verstanden uns gut. Er schätzte

meinen Trainingseifer und meine Energie, ich meinerseits mochte seine Zielstrebigkeit und seine Art, mich zu fordern. Er stellte immerzu neue Teilziele und Ziele für mein Training auf, und das spornte mich unglaublich an.

Als ich schließlich den Bescheid erhielt, daß ich für die Nationalmannschaft ausgewählt worden war, die Schweden bei der Weltmeisterschaft vertreten sollte, war dies dennoch gleichzeitig mit einer Enttäuschung verbunden. Wie oft hatte ich von all den fernen Ländern geträumt, in denen die Weltmeisterschaft stattfinden konnte, und nun fiel die Entscheidung plötzlich auf – Göteborg! Nur eineinhalb Stunden von zu Hause entfernt! Das war alles andere als die Erfüllung meiner Träume!

Trotzdem – nun stand ich hier in Göteborg auf dem Treppchen, die Sonnenstrahlen fielen auf mein Gesicht, und die Klänge der Nationalhymne drangen in meine Ohren. Ich versuchte bewußt zu empfinden, wie es war, die Beste der Welt zu sein. Das Gefühl war nicht so stark, wie ich es mir zuvor vorgestellt hatte, aber es war natürlich herrlich, gewonnen zu haben.

Als Bilanz konnte ich am Ende der Weltmeisterschaft außer der Goldmedaille im Rückenschwimmen noch eine weitere Goldmedaille und eine Bronzemedaille vorweisen.

Auf dem Weg nach Seoul

Wir schwedischen Schwimmer waren übrigens bei der Weltmeisterschaft in Göteborg erfolgreicher als alle anderen. Wenn ich mich recht erinnere, gewannen wir damals alle zusammen 42 Goldmedaillen.

Insgesamt war das schwedische Behindertenschwimmen Mitte der achtziger Jahre auf einem Höhepunkt. Als Schwimmnation behaupteten wir uns in dieser Zeit sehr gut gegenüber großen Ländern wie Deutschland, Großbritannien und den USA, und manchmal waren wir sogar besser.

Daß für Schweden alles so gut lief, lag natürlich nicht nur an mir. Es gab fünf bis sechs schwedische Schwimmerinnen, die jeweils in ihren Disziplinen überragend waren, und als wir alle zusammen in vier oder fünf Disziplinen an den Start gegangen waren, hagelte es gleich eine ganze Reihe von Medaillen. Daneben leisteten selbstverständlich auch die Leiter unserer Vereine einen bedeutenden Beitrag zu unseren Erfolgen, nicht zuletzt dadurch, daß sie die Gelder für die Trainingslager und Wettkämpfe auftrieben, an denen wir aus finanziellen Gründen sonst nicht hätten teilnehmen können.

Ich erinnere mich in diesem Zusammenhang ganz besonders an das Jahr, in dem wir zu den Nordischen Meisterschaften auf den Faröer-Inseln fahren sollten. Der Sprecher der Schwimmer-Mannschaft der Behinderten, Bengt Olofsson, hatte ein Abkommen mit unserer Armee, wonach wir mit einer Herkules zum Wettbewerb und wieder nach Hause geflogen werden sollten. Und so kam's dann auch. Ehe wir es uns versahen, fanden wir uns in hängemattenähnlichen Sitzen wieder, die

Sicherheitsgurte fest angelegt, und waren dankbar, daß wir Ohrenschützer hatten. Das Gedröhne der Maschinen war zwar fürchterlich, aber die Reise war ein einziges Abenteuer. Am spannendsten war jedoch der Rückflug, denn da hatten wir derart schlechtes Wetter, daß keines der anderen Flugzeuge fliegen durfte. Es war die unbequemste, holprigste Reise, die ich je in meinem Leben unternommen habe, aber wir kamen schließlich glücklich und wohlbehalten daheim an, ohne daß wir lange auf besseres Wetter warten mußten.

Übrigens habe ich auch eine besonders lustige Erinnerung an eines unserer Trainingslager, und zwar an das in Tranås. Wir waren bei einem Testschwimmen in Linköping gewesen und nun auf dem Rückweg nach Tranås. Ich hatte damals gerade meinen Führerschein gemacht und fuhr das Auto, in dem außer mir noch Annelie Österström und Marie-Louise Freij saßen. Wir hatten auf dem Weg eine Pause gemacht, um kurz zu McDonald's zu gehen (ein schlimmer Verstoß gegen die Regeln, wenn man in der Nationalmannschaft ist), als ich entdeckte, daß ich die Schlüssel im Auto hatte stecken lassen. Und das Auto war abgeschlossen!

Wir wußten uns keinen anderen Rat und riefen die Polizei, die nach einer Weile auch tatsächlich kam. Die Zweifel darüber, ob sie uns den Wagen wirklich öffnen sollten, waren ihnen ins Gesicht geschrieben. Skeptisch blickten sie abwechselnd mich, das armlose Wesen, und meine beiden kurzwüchsigen Mitstreiterinnen Annelie und Marie-Louise an.

„Und wer von euch fährt nun, bitte schön, dieses Auto?" war ihre erstaunte Frage.

Die Polizisten mußten skeptisch sein, denn mein Honda Prelude sah ja fast wie jedes andere Auto aus. Das Lenkrad saß an seiner gewöhnlichen Stelle (ich lenkte mit meinem rechten Fuß), Gas- und Bremspedal waren nur geringfügig verlängert, damit mein linkes Bein sie bedienen konnte. Licht und Blinker betätigte ich, indem ich meinen Kopf gegen Kontakte in der Nackenstütze drückte.

Ich kann mich nicht erinnern, ob ich ihnen meinen Führerschein zeigen mußte, aber auf jeden Fall ging schließlich alles gut aus. Nachdem fünf Streifenwagen – aus reiner Neugier – gekommen waren, gelang es den freundlichen Helfern endlich, das Auto zu öffnen, und wir konnten zu unserem Trainingslager weiterfahren.

In dem Jahr nach der Weltmeisterschaft standen die Europäischen Meisterschaften in Frankreich an. Das war 1987, und damals war ich wirklich gut in Form. Ich holte vier Goldmedaillen in unterschiedlichen Disziplinen, aber, ehrlich gesagt, ich kann mich nicht mehr daran erinnern, in welchen Disziplinen ich gewann und was meine Zeiten waren. Das einzige, woran ich mich erinnere, ist, daß ich den Weltrekord im Delfinstil brach.

Neben den Europäischen Meisterschaften waren wir außerdem mit der Nationalmannschaft mehrmals zu verschiedenen Wettkämpfen und Trainingslagern in Europa. Bei einer dieser Gelegenheiten traf ich einen Franzosen, der, genau wie ich, keine Arme hatte. Eines Abends saßen wir mit einigen Wettkampfkandidaten draußen und spielten Karten. Der Franzose und ich hatten natürlich unsere eigene Art, mit den Karten umzugehen: Wir hielten sie mit den Füßen. Und als ich neidisch seine Kartentechnik studierte, stellte ich fest, daß er es mit seinen langen Zehen sehr viel besser schaffte, die Karten zu halten. Ganz anders als ich mit meinen kleinen Stummelzehen!

Noch in demselben Jahr begann sich dann alles auf das zu konzentrieren, was viele als das eigentliche Ziel ihres Trainings ansahen: die Olympischen Spiele für Behinderte.

Die Olympischen Spiele, Paralympia, sollten in Seoul in Südkorea stattfinden, und zwar unmittelbar nach der „normalen“ Olympiade. Ich hatte mich innerlich ganz darauf eingestellt, obwohl ich mittlerweile nach Stockholm gezogen war und bereits begonnen hatte, an der dortigen Musikhochschule zu studieren. Das Schwimmen und alle Trainingslehrgänge verschlangen natürlich einen großen Teil meiner Zeit, und so kam es, daß ich mir irgendwann die Frage stellte, was ich da eigentlich tat. War mein enormer Einsatz überhaupt die Mühe wert?

Hatte ich eigentlich jemals wirklich Freude am Training gehabt? Wozu tat ich das alles überhaupt?

Was mir den eigentlichen Antrieb gab, waren nicht so sehr meine Erfolge und mein Vorwärtskommen, sondern vielmehr die Reiselust und die Kameradschaft, die während der Wettkämpfe und im Trainingslager zwischen uns Schwimmern herrschte. An so manchem Abend lag ich lange wach und plauderte mit einer Zimmerkameradin über alles Mögliche. Über unsere Situation als Behinderte oder darüber, was man über Gott und die Welt dachte. Dabei entdeckte ich, wie glücklich ich im Vergleich zu vielen anderen war, da ich eine so unbeschwerte Kindheit erleben konnte und Eltern hatte, die mich liebten und mir ihren Glauben vorlebten.

Manchmal wurde ich gefragt, warum ich über meine Behinderung niemals ärgerlich oder gar verbittert war, und vielleicht konnte ich einige Male jemandem helfen, indem ich ihm einfach nur zuhörte. Es waren hauptsächlich solche Begegnungen und Gespräche mit anderen, die mir immer wieder den Mut gaben, mit dem Training weiterzumachen.

Im Januar 1988, nachdem ich zehn Monate für die Olympischen Spiele in Seoul trainiert hatte, hatte ich trotzdem genug. Ich wollte endgültig aufhören. Ich sagte Gott und mir selbst, daß ich in der folgenden Woche zum Trainer der Nationalmannschaft gehen wollte, um ihm zu sagen, daß ich abspringe. Doch ein paar Tage später rief eine Frau an, von der ich wußte, daß sie seit vielen Jahren für mich betete, und teilte mir mit, sie hätte im Gebet den Eindruck gehabt, daß Gott wollte, daß sie mich anrief und mir Mut machte, was mein Schwimmen anbelangte. Sie wußte zu diesem Zeitpunkt nicht, daß ich eigentlich fest entschlossen war aufzuhören. Kurzum,

---

Das schwedische Olympiateam, das für die Paralympischen Spiele in Seoul ausgewählt worden war. Ich bin in der zweiten Reihe die dritte von rechts. (Photo: privat)

nach dem Gespräch mit ihr besann ich mich noch einmal und entschloß mich dazu, doch weiterzumachen, und so wurde ich in die Olympiamannschaft aufgenommen.

Mein größtes Erlebnis während der Olympiade war die Eröffnungsfeier. Mehr als 70.000 Zuschauer drängten sich auf der Tribüne, als 4.000 behinderte Sportler aus 60 Nationen ins Olympiastadion einmarschierten. Die schwedische Mannschaft bestand aus 132 Personen. Die Musik strömte aus den Lautsprechern während die Großbildschirme von allen, die einmarschierten, Nahaufnahmen zeigten. Das olympische Feuer wurde entzündet. Die gesamte Eröffnungszeremonie war festlich und farbenprächtig – sie stand der Feier der Nicht-Behinderten in nichts nach. Es war ein wirklich erhebendes Gefühl, mit so vielen fröhlichen und ausgelassenen Menschen zusammen zu feiern. Und während ich mit all diesen Leuten feierte, kam mir der Gedanke, daß es wohl einmal so ähnlich sein wird, wenn wir in den Himmel kommen.

Ganz Seoul war von den Wettkämpfen geprägt. In einigen anderen olympischen Städten waren die Spiele nach den „normalen" Wettkämpfen beendet gewesen, nicht so in Seoul. Die ganze Stadt schien darauf eingestellt zu sein, daß die Olympiade der Behinderten mindestens genauso wichtig war wie diejenige für die gesunden Elitesportler. Paralympia bekam außerdem sein eigenes Maskottchen – einen Bären. Und alle Banderolen und Plakate der beendeten olympischen Wettkämpfe wurden gegen neue ausgetauscht. Die Stadt war ein einziges Farbenmeer, bestehend aus Blumen und Flaggen.

Eine Gedankenlosigkeit war jedoch im Vorfeld der Olympischen Spiele geschehen. Als die Olympia-Stadt gebaut wurde, hatte man vergessen, diese behindertengerecht zu gestalten. Noch in letzter Minute mußten daher die Organisatoren eine weitere Olympia-Stadt aus dem Boden stampfen – neun Hochhäuser mit behindertenfreundlichen Wohnungen, in denen wir untergebracht werden konnten.

Die Spiele an sich waren gut besucht, und Presse und Fernsehen waren überall dabei. Auf den Tribünen tummelten sich

Massen von Zuschauern, nicht zuletzt Leute auch aus den verschiedensten Kirchen von Seoul. Sie grüßten uns mit Banderolen und Wimpeln, und manchmal riefen sie Schlachtrufe in den Sprachen der Nationen, die sie sich entschieden hatten zu unterstützen. Die Stimmung war wirklich mitreißend.

Ich selbst ging in vier Disziplinen an den Start: 25-Meter-Rückenschwimmen, Delfin, Freistil und Brustschwimmen. Der Delfin war meine beste Disziplin, und so setzte ich natürlich meine Hoffnung ganz besonders darauf. Am Abend vor diesem Wettkampf erfuhr ich dann aber, daß sich gerade zu dieser Disziplin zu wenige Länder angemeldet hatten. Ein Land war zurückgetreten, und so wurde das 25-Meter-Delfinschwimmen abgesagt.

Die Zeitung „Aftonbladet" und ihr Redakteur Leif-Oke Josefsson kommentierte dies mit folgenden Worten:

So wie es heute aussieht, ist Lena Maria Johansson ein Opfer des Behindertensports geworden ... Lena Marias Fall ist nur einer von vielen während einer Behinderten-Olympiade, die von Chaos und Verwirrung geprägt ist. In ihrer Spezial-Disziplin meldeten sich weniger als vier Teilnehmer, deshalb wurde der Wettkampf abgesetzt. Lena Maria mußte sich mit einigen anderen Schwimmarten begnügen und erreichte deshalb nur fünfte und sechste Plätze, das heißt also keine Medaille im „großen Goldrausch der Olympischen Spiele". Wird sie den Mut haben, bis zur nächsten Olympiade weiterzumachen? 1992 wird es in Barcelona eine neue Chance für sie geben ...

Natürlich war ich zunächst ein wenig verärgert, daß ich nun nicht in meiner Spezialdisziplin an den Start gehen konnte, aber als Opfer fühlte ich mich keineswegs. Ich freute mich über meinen vierten Platz im Rückenschwimmen, meinen fünften Platz im Freistil und meinen sechsten Platz im Brustschwimmen. Außerdem hatte sich schon zu dieser Zeit ein ganz anderes Gefühl in mir breit gemacht: Ich war es schrecklich leid, immerzu trainieren zu müssen. Ich meinte, daß nun die Zeit gekommen war, dem Leistungssport endgültig Adieu zu sagen.

Fortan wollte ich mich ganz dem Gesang und der Musik widmen.

Die Olympischen Spiele in Seoul waren meine letzten Wettkämpfe, an Barcelona verschwendete ich keinen Gedanken mehr. Ich beschloß, den allseits bekannten Rat weiser Menschen zu befolgen: Man soll aufhören, wenn man am erfolgreichsten ist.

Mit Gesang und Synthesizer

Zu Anfang glaubte wohl niemand so recht an meine Stimme, aber auch das war etwas, worüber ich mir nicht besonders den Kopf zerbrach, denn Gesang und Musik gehörten seit meiner frühesten Kindheit ganz selbstverständlich zu meinem Leben.

Die erste Musik, an die ich mich bewußt erinnern kann, waren Lieder von den Oak Ridge Boys, die mein Vater mit Begeisterung hörte. Meine Eltern, ja eigentlich die meisten meiner Verwandten, musizierten und sangen sehr gerne, so daß ich gar nicht anders konnte, als mich auch in diesem Bereich zu versuchen. Manchmal durfte ich sogar bei Familienfeiern ein Lied vortragen, wozu man mich auf einen Stuhl stellte, damit mich alle sehen konnten.

Unsere gesamte Verwandtschaft traf sich mehrmals im Jahr, unter anderem auch zu Weihnachten. In diesen Tagen hielten wir uns immer an eine besondere Familientradition: Wir fuhren in ein Altersheim und gaben dort ein kleines Konzert mit den schönsten Weihnachtsliedern. Ich erinnere mich, daß dieses Ereignis nicht nur den alten Leuten, sondern uns allen sehr viel Freude gemacht hat.

Neben meiner überaus musikalischen Familie trugen auch die Kirche und die kommunale Musikschule ihren Teil dazu bei, daß ich meine musikalischen Begabungen entwickeln konnte. In vielen Freikirchen Schwedens ist die Musik ein zentraler Bestandteil des Gemeindelebens, und die Missionskirchen in Habo und Bankeryd waren darin keine Ausnahmen.

Mein Debüt hatte ich deshalb bereits im Kinderchor der Missionskirche von Bankeryd. Dort schrieb ich auch mein erstes Lied: „Ich will ein Freund sein", lautete es. Mein Vater verfaßte den Text, und es wurde ein Dauerbrenner in unserem Kinderchor.

Da ich schon recht früh die Töne sicher treffen konnte, wurde ich manchmal gebeten Solos zu singen, wogegen ich nichts einzuwenden hatte! Im Gegenteil: Ich genoß es, im Mittelpunkt einer Gruppe zu stehen und die Aufmerksamkeit aller auf mich zu lenken. Diese Solo-Auftritte waren außerdem eine gute Vorbereitung für das, was später noch kommen sollte. Und weil ich so früh damit begann, hatte ich in den folgenden Jahren niemals Lampenfieber, wenn ich vor einer großen Menschenmenge singen sollte.

In der Musikschule hatte man mir empfohlen, mir als Instrument die elektronische Orgel auszusuchen, was für mich zudem außerordentlich praktisch war, da meine Eltern eine solche Orgel besaßen und ich so zu Hause Unterrichtsstunden nehmen konnte. Seitdem ich in die dritte Klasse ging, kam also Maria Erlandsson, die auch den Kinderchor leitete, einmal pro Woche zu mir nach Hause und erteilte mir Unterricht. Der Schemel, auf dem ich saß, war etwas höher als die Orgel, so daß ich bequem mit den Füßen die Tastatur erreichen konnte.

Als ich später in der Oberstufe Unterricht an der Kirchenorgel nehmen wollte, beauftragte man einen Spezialisten damit, extra für mich einen zweiten Schemel anzufertigen, der auf den normalen Sitz aufmontiert wurde, damit ich mit meinen Füßen problemlos an alle Tasten herankam. Gleichzeitig auch die Fußpedale zu bedienen, war mir selbstverständlich unmög-

---

Mein Interesse an der Musik wurde schon sehr früh geweckt. Mit der tatkräftigen Unterstützung meiner Lehrerin, Maria Erlandsson, lernte ich die elektronische Orgel zu spielen. (Photo: privat)

lich, aber es machte trotzdem Spaß, die festlichen Choräle spielen zu lernen.

In der neunten Klasse begann ich schließlich, Gesangsunterricht in der städtischen Musikschule von Jönköping zu nehmen. Mein Talent war nicht außergewöhnlich, und niemand hatte, wie bereits erwähnt, große Hoffnungen auf meine Stimme gesetzt, aber mir selbst bereitete das Singen große Freude.

Als es schließlich in der Oberstufe des Gymnasiums an der Zeit war, mich auf einen fachlichen Schwerpunkt festzulegen, überlegte ich, welche Richtung ich einschlagen könnte. Meine Zeugnisse waren nicht berauschend – ich war eine durchschnittliche Schülerin –, und ich hatte auch kein besonderes Interesse daran, Fächer zu wählen, bei denen so viel gefordert wurde, daß man seine gesamte Zeit mit Lernen verbringen mußte.

Nach einigem Überlegen konnte ich mir letztendlich gut vorstellen, mich zur Sekretärin oder Bürokauffrau ausbilden zu lassen. Aber als ich davon hörte, daß man in der Schule auch Musik als Schwerpunkt wählen konnte – der sogenannte zweijährige gesellschaftliche Zweig kombiniert mit Musik –, da war meine Entscheidung gefallen. Es ergab sich jedoch zunächst noch ein Problem: Außer mir hatten nämlich noch viele andere den selben Wunsch, und meine Zeugnisse konnten im Vergleich zu denen der anderen nicht mithalten.

Und doch geschah das Wunder: Ich kam in den gesellschaftlichen Zweig und zwar über die Musik, weil ich bei der Aufnahmeprüfung mit meinen musikalischen Talenten überzeugen konnte! Ich glaube aber, ehrlich gesagt, daß ich vor allem wegen meiner Behinderung in den Kurs aufgenommen wurde, denn ich war zwar musikalisch begabt, aber bei allem Wohlwollen kein außergewöhnliches Talent.

Meine beiden Jahre in der Oberstufe des Per-Brahe-Gymnasiums waren fröhlich und unbeschwert. Es war mit Abstand meine beste Zeit in der Schule! Unsere Musikfächer hatten wir in einem separaten Gebäude, wo wir den größten Teil des Tages verbrachten. Auch wenn für die meisten von uns der Unterricht schon morgens um acht Uhr begann, hielten wir Schüler uns doch meistens bis abends um neun dort auf – so lange, bis schließlich die Alarmanlage eingeschaltet wurde und es deshalb nur allzu ratsam war, zu verschwinden.

Neben meiner Gesangsausbildung spielte ich im Schulorchester mit, aber nicht mehr die elektronische Orgel, sondern den Synthesizer. In einem der beiden Jahre führte unsere Klasse eine Woche lang das Musical *West Side Story* auf – ein fantastisches Erlebnis. Und wir unternahmen einige Schulreisen nach London, wo wir Aufführungen der „richtigen" Musicals ansahen.

Zur gleichen Zeit versuchte ich außerdem den Jugendchor in der Missionskirche von Habo zu leiten. Nach all den Jahren im Kinderchor war ich in den Jugendchor „aufgestiegen" und wurde auch schon bald gefragt, ob ich ihn leiten wollte.

Natürlich konnte ich nicht mit Armen dirigieren, die ich gar nicht besaß, aber es sind ja auch nicht die Arme, die einen Chor zum Singen bringen, sondern vielmehr das, was man in den Übungsstunden gelernt hat. Immer, wenn der Chor auftrat, stand ich einfach nur vor den Sängern und dirigierte, indem ich selbst mitsang und mit Kopf, Mund und Blicken Anweisungen gab.

Der Chor machte große Fortschritte, weshalb bald andere Gemeinden anfragten, ob wir nicht bei ihnen Konzerte geben wollten. Durch diese Kontakte begann ich auch bald, alleine aufzutreten und eigene Konzerte in Kirchen in Västergötland und Småland zu geben.

Die zwei Jahre in der Oberstufe des Gymnasiums vergingen rasch, aber ich erhielt die Möglichkeit, ein weiterführendes Musikjahr anzuhängen. Das kam mir sehr entgegen, denn ich wollte mich gerne auch in Zukunft mit Musik beschäftigen. Trotzdem mußte ich mir ernsthaft die Frage stellen, was ich machen wollte, nachdem das dritte Jahr schließlich auch zu Ende sein würde. Viele Kameraden beschlossen, danach an einer Musikhochschule weiterzustudieren, und so entschied ich mich zuletzt auch dazu.

Ich beabsichtigte also, mich bei der Musikhochschule in Stockholm zu bewerben, doch zuvor fuhr ich mit meinem Musiklehrer Lasse Persson dorthin, um den Rektor der Schule kennenzulernen. Es war für mich wichtig, daß ich zunächst noch einige Informationen über das Studium bekam, und natürlich mußte die Musikhochschule auch mich kennenlernen. Der Rektor erklärte mir den Verlauf des Studiums, und gemeinsam überlegten wir, wie solch ein Studium für mich konkret aussehen konnte. Die Schulleitung ihrerseits hatte zum Glück keine Bedenken wegen meiner Behinderung und ermutigte mich sehr, einen Aufnahmeantrag zu stellen.

Während der Aufnahmeprüfung mußte jeder Kandidat in fünfzehn Minuten seine musikalischen Fähigkeiten unter Beweis stellen. Von allem, was ich in meinen fünfzehn Minuten zeigte, erinnere ich mich am besten daran, daß ich das lustige Lied „Ich bin so häßlich" vortrug, während ich mich selbst dabei auf dem Synthesizer begleitete. Schon kurze Zeit nach der Prüfung erhielt ich die Zusage, daß ich als eine von vieren für das individuelle Musikstudium angenommen worden war. Ich bin sicher, daß „Ich bin so häßlich" mir dabei sehr geholfen hat!

Nicht irgendeine „Lena Johansson“

Lena Johansson. Lena Johansson. Lena Johansson. Lena Johansson. Lena Johansson.

Ich brauchte gar nicht erst ins Telefonbuch zu schauen. Ich wußte, daß Stockholm voller Menschen war, die genauso hießen wie ich.

Eines wollte ich jedoch absolut nicht, nämlich „Lena Johansson die Armlose“ oder ähnlich genannt werden, nur damit man mich von all den vielen anderen Lena Johanssons unterscheiden konnte. Also mußte ich mir vor meinem Umzug nach Stockholm wohl oder übel etwas einfallen lassen. In Hälsingland hatte ich drei Kusinen, die alle einen Doppelnamen trugen, und ich fand, daß das bei ihnen sehr hübsch klang. Da mich meine Eltern sowohl Lena als auch Maria genannt hatten, beschloß ich also, meine beiden Vornamen zu gebrauchen. So kam es, daß mich seit meinem ersten Herbstsemester, in dem ich nach Stockholm zog, alle Leute nur noch unter dem Namen Lena Maria kennenlernten.

Von zu Hause in eine ganz neue Stadt mit neuen Menschen zu ziehen, fällt wohl niemandem leicht. Ich fand es aufregend und anstrengend zugleich. Außer mir waren noch zwei andere meiner Klassenkameraden aus Jönköping in die Musikhochschule aufgenommen worden, und wir fanden sogar alle ein Zimmer in derselben Wohnung in der Tegnergatan. Es war schön, nicht ganz alleine nach Stockholm ziehen zu müssen, sondern wenigstens einige Leute zu kennen, mit denen ich sogar noch Tür an Tür leben durfte.

Jetzt mußte ich zum ersten Mal ganz alleine klarkommen.

Zu Hause hatte ich ja meine Mutter gehabt, die mir jederzeit helfen konnte, doch nun mußte ich alles selbst erledigen – putzen, bügeln, fegen, kochen, spülen und alles, was sonst noch so im Haushalt anfällt. Ich war mir unsicher, ob ich das alleine schaffen würde, deshalb sollte während des ersten halben Jahres einmal pro Woche eine Haushaltshilfe zu mir kommen, vor allem um zu putzen und zu bügeln. Einerseits war das eine prima Abmachung, aber als ungefähr in der dritten Woche eine andere Frau kam, die ich wieder neu anlernen mußte, wurde ich es leid. Es war viel leichter, alles selbst zu machen und unabhängig von anderen zu sein. Und es funktionierte ganz gut, auch wenn es manchmal ein wenig nervenaufreibend war, weil alles so lange dauerte.

Ich freute mich sehr auf den Beginn meines Studiums an der Musikhochschule. Wir Studenten hatten in bezug auf die Planung unseres Stundenplans sehr viel Freiheit. Als ich mich für einen der Gesangslehrer entscheiden mußte, wählte ich die in Schweden bekannte Sängerin Lena Ericsson, die von Zeit zu Zeit einige Schüler annahm und außerdem im Auswahlgremium der Schule saß.

Wir trafen uns regelmäßig, meistens bei ihr zu Hause, und ich habe in den vier Jahren, in denen sie mich unterrichtete, enorm viel gelernt. Gleich zu Beginn unseres gemeinsamen Arbeitens gab sie mir zu verstehen, daß sie kein allzu großes Aufhebens um meine Behinderung machen wolle. „Es ist deine Aufgabe, mir zu sagen, was du kannst und was nicht“, sagte sie; und das war mir sehr recht.

Sie gab sich große Mühe mir beizubringen, daß ich beim Singen meinen ganzen Körper einsetzen mußte, um das zum Ausdruck bringen zu können, was ich vermitteln wollte. „Eine Stimme ist ein Gefühl“, sagte sie stets.

Mein Leben selbst in die Hand zu nehmen, machte mir sehr viel Spaß. (Photo: privat)

Zu Anfang erschien ich ihr wohl ein wenig zu zurückhaltend, aber ich versuchte, von dem, was sie mir beibrachte, so viel wie möglich zu beherzigen. Schließlich wollte ich ernsthaft meine Stimme ausbilden, um damit andere Menschen berühren zu können. Außerdem wollte ich durch meine Lieder meinen Glauben weitergeben, was ich auch tat, indem ich in den verschiedensten Kirchen der unterschiedlichsten Prägung Konzerte gab. An der Musikhochschule war ich Hans-Inge Magnusson begegnet, einem Pianisten, mit dem ich dann schon bald gemeinsam musizierte und in allen möglichen Orten Mittelschwedens auftrat.

Natürlich wollte ich auch an der Hochschule meinen Glauben weitersagen. Hans-Inge und ich trafen uns deshalb regelmäßig mit einigen anderen Kommilitonen, um über den Sinn des Lebens und über Gott zu reden. Diese Begegnungen waren jedes Mal hochinteressant. Da ich aber in einem Teil Schwedens aufgewachsen war, in dem es mehrere Erweckungen gegeben hatte, und ich deshalb auch entsprechend geprägt worden war, mußte ich bald erkennen, daß ich mir eigentlich nie zuvor darüber Gedanken gemacht hatte, warum ich eigentlich an Gott glaubte und warum ich überhaupt so dachte und empfand, wie ich es nun einmal tat. Durch diese Gespräche war ich also dazu gezwungen, meinen Standpunkt zu begründen. Dabei merkte ich, daß ich viele meiner Gedanken und Ideale einfach von meinen Eltern übernommen hatte, ohne länger darüber nachzudenken. Ich hatte also gar kein richtiges Fundament, auf dem ich sicher stehen konnte.

Im Nachhinein erscheint mir diese Zeit als sehr wertvoll, weil ich damals notwendige Erfahrungen gemacht habe. Als ich mitten in diesen Konfrontationen steckte, habe ich natürlich nicht darüber gejubelt, denn es ist immer anstrengend und zuweilen auch bedrückend, wenn man sein eigenes Weltbild hinterfragen muß. Ich ließ keinen Bereich meines Glaubens dabei unberührt, doch blieb ich dabei ständig in der Verbindung mit Gott, indem ich sehr viel betete und die Bibel las.

Mit der Zeit war mein Glaube jedoch stark genug, um auf eigenen Beinen zu stehen. Ja, er war sogar viel stärker als vorher. Ich machte die Erfahrung, daß Gott mir nahe war und mir viele Male durch kleine Wunder im Alltag half. Ich weiß, daß manche Leute solche Wunder eher auf rationale Weise erklären würden, aber für mich waren sie ein Zeichen für Gottes Nähe und liebende Fürsorge. Das wiederum machte mich um so gewisser, mit dem Singen weiterzumachen, um mit meinem Gesang auf Gott hinzuweisen.

Als Lena Ericsson mich eines Tages fragte, ob ich bei einem Konzert im Stockholmer Vergnügungspark Gröna Lund singen wollte, war ich sofort Feuer und Flamme. Sie selbst sollte dort auftreten und fand, es wäre eine gute Idee, wenn auch ich mit einem Liedbeitrag vertreten wäre. Spitze, dachte ich, und entschied mich für Duke Ellingtons wunderbaren Song *Heaven*.

Es war ein lauer Frühlingsabend und gerade dunkel geworden, aber Gröna Lund war mit Lampions und Scheinwerfern hell erleuchtet. Es waren schrecklich viele Leute dort, vielleicht, weil an jenem Abend der Eintritt frei war, aber die Menschenmenge machte mich zum Glück nicht nervös. Als ich an der Reihe war, sang ich mein Lied und wollte danach gleich wieder die Bühne verlassen, doch dann passierte das Unerwartete: Der Conférencier rief mich wieder zurück und, wem stand ich da plötzlich gegenüber? – Bosse Parnevik.

Bald begriff ich auch, warum. Die Gesellschaft „Stallbröderna“, eine Vereinigung von Leuten in der Unterhaltungsbranche, hatte mich für ihr Bosse-Parnevik-Stipendium ausersehen. Ich erhielt einen großen Blumenstrauß und einen Scheck über 10.000 Kronen, um mein musikalisches Talent zu fördern. Lena Ericsson wußte selbstverständlich bereits von diesem Stipendium. Ihr Vorschlag, daß ich an dem Abend in Gröna Lund singen sollte, war nur ein Vorwand gewesen, um mich dorthin zu bekommen, ohne daß ich vorher etwas von meinem Glück erfahren konnte. An so etwas hätte ich im

Traum nicht gedacht! Die Verleihung des Stipendiums war eine Riesenüberraschung und eine enorme Ermutigung für mich!

Alle Abendzeitungen berichteten ausführlich über die Stipendien-Vergabe. Und so kam eines zum andern, denn daraufhin brachte die Abendzeitung „Aftonbladet“ eine Reportage über mein Leben in Stockholm, über das Schwimmen und meine Vorbereitungen auf die Olympischen Spiele und – in der Mitte – ein riesengroßes Foto, das mich in meinem Auto sitzend zeigte, mit dem Fuß am Lenkrad.

Dies wiederum führte dazu, daß zwei Fernsehmitarbeiter in der nordschwedischen Stadt Umeå auf mich aufmerksam wurden. Henrik Burman und Sven-Erik Frick waren gerade dabei, eine Dokumentarreihe zu planen, und als sie von mir lasen, riefen sie mich an und fragten, ob ich nicht über meinen Alltag in Stockholm berichten wollte. Ich sagte sofort zu – immerhin hörte sich die ganze Sache spannend an.

Zu diesem Zeitpunkt war ich übrigens schon in eine eigene Wohnung gezogen. Unmittelbar nachdem ich nach Stockholm übergesiedelt war, hatte ich mich vorschriftsgemäß in der Stadtverwaltung als Wohnungssuchende in eine Liste eingetragen und mich um bevorzugte Behandlung bemüht, die mir als Behinderte zustand. Einige der Beamten hatten mir gesagt, daß es nicht möglich sei, bevorzugt berücksichtigt zu werden, wenn man in Stockholm nicht bereits in der Einwohnermeldeliste eingetragen war, andere sagten wiederum, daß es auch dann noch unmöglich sei, eine zentral gelegene Wohnung zu bekommen. Aber kurz vor Weihnachten, noch bevor das erste Semester zu Ende war, erhielt ich Bescheid, daß man mich bevorzugt behandeln würde, und schon bald danach kam ein Wohnungsangebot. Eineinhalb Zimmer mit Küche in einem neu renovierten Altbau auf der Insel Kungsholmen. Das bedeutete, daß einige Lebensmittelgeschäfte und eine U-Bahn-Station im selben Viertel vorhanden waren und ich zu Fuß nur fünf Minuten zum Hauptbahnhof brauchen würde.

Schicksal, Glück oder Gott? Auf jeden Fall war alles perfekt und wie für mich gemacht!

Die Wohnung war nicht behindertengerecht angelegt, aber das schien mir auch eigentlich überflüssig. Bei bestimmten Behinderungen kann eine behindertengerechte Wohnung notwendig sein, aber ich wollte am liebsten eine ganz gewöhnliche Wohnung haben. Ich wollte – und will es immer noch – mich lieber soweit wie möglich den anderen anpassen. In der Küche benötigte ich lediglich einen Stuhl mit Rollen, der ein wenig höher war als die Arbeitsplatte, um mir mein Essen zu kochen und spülen zu können.

In dieser Wohnung trafen Sven-Erik und Henrik mich zum ersten Mal. Ich bot ihnen von meinem selbstgebackenen Napfkuchen an (was ihnen, wie ich später erfuhr, sehr imponiert hat), und so kamen wir leicht ins Gespräch.

Während der nächsten Wochen folgten mir die beiden auf Schritt und Tritt – zum Schwimmtraining, zu meinen Übungsstunden an der Musikhochschule, wenn ich Tee kochte, meine Eltern besuchte oder mit dem Auto fuhr, wenn ich Milch kaufte oder mir etwas zu essen kochte. Man merkte, daß die beiden es gewohnt waren, mit Leuten so umzugehen, daß sie sich frei vor der Kamera bewegen konnten, so daß es auch mir keine Probleme bereitete, die ganze Zeit über gefilmt zu werden.

Das schwierigste war für mich jedoch, von mir selbst zu erzählen und zu erklären, wie ich als Behinderte das Leben sehe. Heute bin ich es gewohnt, öffentlich über das zu reden, was mein Leben betrifft, zumindest über das meiste, aber damals war das alles Neuland für mich, und deshalb fand ich es erst gar nicht so leicht, die richtigen Worte zu finden.

Trotzdem gelang dieser Film über mich wirklich gut. Das fanden außer mir auch viele andere, die vor dem Fernseher saßen, als eines Abends im Herbst 1988 der Film „Målet i sikte“ (Das Ziel vor Augen) ausgestrahlt wurde. Daraufhin erhielt ich eine Unmenge von Briefen und Anrufen von den unterschiedlichsten Leuten. Auch heute noch kann es passieren, daß ich ganz plötzlich und unverhofft auf diesen Film angesprochen werde.

Tatsächlich war die Resonanz auf diesen Film so gut, daß er dazu ausgewählt wurde, im darauffolgenden Jahr als kultureller Beitrag, Schweden während eines christlichen Festivals in Holland zu vertreten. „Das Ziel vor Augen“ gewann die Herzen der Jury und der Zuschauer und erhielt den ersten Preis. Die offizielle Begründung für die Preisverleihung lautete:

Dies ist ein Porträt voller Lebendigkeit und Lebensmut, das Porträt einer jungen, behinderten Frau, die beschlossen hat, alleine zu leben. Es ist den Produzenten gelungen, die Welt mit den Augen dieser fantastischen Frau zu sehen. Dadurch vermeiden sie Herablassung, Übertreibungen und Rührseligkeit. Sie übermitteln eine mutmachende Botschaft, eine Botschaft der Hoffnung für Behinderte und deren Angehörige, während sie gleichzeitig die vielfältigen Probleme physischer, psychologischer, sozialer und ökonomischer Art darstellen, die dieser jungen Frau in ihrem Alltag begegnen. Diese Dokumentation der Hoffnung und des Glaubens verdient es, weiter bekanntgemacht und verbreitet zu werden.

Viele Fernsehstationen in den unterschiedlichsten Ländern wollten den Film sofort kaufen. Ich, Lena Maria, war auf einen Schlag bekannter geworden als ich es mir je hätte träumen lassen. Eine Lawine war ins Rollen gekommen.

Das Ziel vor Augen – doch wozu?

„Das Ziel vor Augen“ sollte von größerer Bedeutung für mein Leben werden als ich es hätte ahnen können. Meine Mutter hatte seit meiner Geburt die starke Gewißheit gehabt, daß mir im Alter zwischen 20 und 30 etwas besonderes passieren würde. Im Nachhinein glaube ich, daß es diese Fernsehsendung war, denn sie hatte weitreichende und vielfältige Konsequenzen auf die folgenden Jahre meines Lebens.

Viele der Zuschauer waren von dem, was sie gesehen hatten, so bewegt, daß sie mir schrieben. Viele von ihnen teilten mir einfach nur mit, wie bewundernswert sie mich fanden. Am glücklichsten machte es mich aber, wenn jemand mir berichtete, daß der Film ihm Mut gemacht und geholfen hatte.

Durch diesen Film war ich nun noch bekannter geworden, und damit erhielt ich noch mehr Anfragen für Konzerte. Da es wirklich mein größter Wunsch war, durch meine Lieder von Jesus zu erzählen, fand ich es prima, daß ich nun noch mehr Gelegenheit dazu bekommen sollte.

Während des Herbstsemesters hatte ich so viele Konzerttermine, daß mein Pianist Hans-Inge nicht immer genügend Zeit hatte mitzukommen. Ich war froh, daß Sara Fält, eine gute Freundin aus der Zeit am Gymnasium, einige Male aushilfsweise einsprang, doch es war klar, daß ich mich auf die Dauer um einen anderen Pianisten bemühen mußte. So kam ich an Anders Wihk. Ihn lernte ich kennen, als ich vertretungsweise in einem Stockholmer Jugendchor als Dirigentin einsprang.

Anders, der damals gerade von einem fünfjährigen Studienaufenthalt am Berkeley College of Music in Boston in den USA zurückgekehrt war, hatte zwar nicht ganz meinen Musikgeschmack, dafür waren wir uns aber in dem Wunsch einig, mit unserer Musik Gott die Ehre zu geben.

Und dann kam der Tag, an dem ich zur Audienz bei Königin Silvia gebeten wurde! Die Königin wollte im Frühjahr 1989 einen Behinderten-Kongreß in den USA besuchen, unter anderem um dort ein Buch über den Behindertensport zu lancieren, zu dem sie selbst die Initiative ergriffen und das Vorwort geschrieben hatte. Da auch am königlichen Hof Burmans und Fricks Film über mich bekannt war, wollte man ihn gerne erwerben, um ihn auf dem Kongreß vorzuführen. Die zuständigen Mitarbeiter der Königin waren der Meinung, daß ich ein gutes Vorbild für den Behindertensport sei. So lief es schließlich darauf hinaus, daß für die Präsentation in den USA eine Kurzfassung des Films angefertigt wurde.

Als Königin Silvia von ihrer Reise wieder heimgekehrt war, hatte sie den Wunsch, mich auch einmal persönlich kennenzulernen, und so erhielt ich die bereits erwähnte Audienz bei Hofe. Ich fühlte mich wirklich sehr geehrt, daß ich der Königin privat begegnen durfte, auch wenn ich natürlich bei diesem Besuch nicht ganz alleine mit ihr war. Außer einer Hofdame waren die beiden Film-Autoren Henrik und Sven-Erik dabei und Gert Engström, der mit der Königin in den USA gewesen war.

Für unser Gespräch mit der Königin war ursprünglich nur eine halbe Stunde vorgesehen gewesen, da es aber sehr angenehm verlief, wurde es um eine ganze Weile verlängert. Königin Silvia stellte mir während dieser Zeit viele Fragen über mein Leben und welche Träume und Hoffnungen ich für die Zukunft hätte. Als die Audienz schließlich beendet war, folgten die obligatorischen Pressephotos, und erst dann verabschiedeten wir uns.

Während unserer angeregten Unterhaltung mit der Königin

hatte es draußen geregnet. Ich schaffte deshalb nur wenige Schritte auf mein Auto zu, bis ich plötzlich ausglitt und hinfiel. Es ist an sich nichts Ungewöhnliches, daß ich dann und wann hinfalle, und meistens verletze ich mich dabei auch nicht ernstlich. Aber diesmal war es anders. Als ich versuchte, wieder auf die Beine zu kommen, drehte sich mir alles. Gert Engström war deshalb derart beunruhigt, daß er sogleich einen Notarztwagen rufen wollte, was ich jedoch völlig unnötig fand. Als ich es jedoch nach einer ganzen Weile immer noch nicht geschafft hatte, wieder auf die Beine zu kommen, mußte ich nachgeben. Ich konnte einfach nicht aufstehen, und mein linker Fuß begann sehr stark zu schmerzen.

Meine Prothese hatte sich bei dem Sturz so weit gelockert, daß der Fuß dabei verdreht worden war, und genau das tat so fürchterlich weh. Der Notarztwagen kam, und ich wurde auf dem schnellsten Weg ins Krankenhaus gebracht. Trotz der schrecklichen Schmerzen war es für mich ein tolles Erlebnis, einmal mit einer Ambulanz durch Stockholm zu fahren. Wir kamen rasend schnell voran, denn die anderen Autos mußten uns Platz machen.

Im Krankenhaus angekommen, mußte ich eine ganze Zeit lang warten, doch das machte mir nichts aus. Während ich im Wartezimmer saß, sang ich ein wenig vor mich hin, redete mit Gott und bat ihn, mir zu helfen. Am darauffolgenden Wochenende sollte ich ein Konzert geben, das ich um keinen Preis absagen wollte. Deshalb sagte ich: „Gott, es ist nun deine Aufgabe, dafür zu sorgen, daß ich zu diesem Konzert fahren kann."

Als nach drei Stunden endlich ein Arzt kam, wurde ich untersucht und geröntgt. Auf den Röntgenplatten konnte man drei Risse im linken Fuß sehen, so daß es nicht verwunderlich war, daß ich Schmerzen hatte. Der Arzt gab mir nur einige Schmerztabletten, und dann wurde ich von einem guten Freund nach Hause gebracht. Dort angekommen, nahm ich eine dieser Tabletten und legte mich sofort hin.

Ich erwachte erst wieder am nächsten Morgen – und stellte zu meinem Erstaunen fest, daß alle Schmerzen fort waren. Natürlich tat es noch ein wenig weh, wenn ich den Fuß bewegte, aber der anhaltende Schmerz war vorbei, und das machte mich unglaublich froh!

Klasse, Gott! Mach weiter so! dachte ich und fuhr zur sogenannten Hilfsmittelzentrale. Auf die Dauer war es nämlich absolut unmöglich, ständig nur auf einem Bein herumzuhüpfen, deshalb war ich froh, daß ich dort einen Rollstuhl ausleihen konnte. Noch größer war die Freude, als ich wieder nach Hause kam: An meiner Wohnungstür hingen zwanzig gelbe Tulpen mit einem Kärtchen, auf dem Königin Silvia mir „Gute Besserung" wünschte. Donnerwetter! Schließlich erhält man nicht jeden Tag Blumen von einer Königin . . .

Einige Tage später, am Donnerstag, stand wieder eine meiner Gesangsstunden an – bei meiner Lehrerin Lena Ericsson daheim. Doch das war mit meinem lädierten Fuß ein wenig problematisch. Ihre Wohnung lag im dritten Stock, und es gab dort keinen Aufzug. Mir war klar, daß ich nicht alle Stufen auf einem Bein hinaufhüpfen konnte, denn dann würde ich hinterher nicht mehr genügend Kraft und Luft zum Singen haben. Aber vielleicht würde die Schwellung am Fuß ja bis dahin soweit zurückgegangen sein, daß ich mich damit wenigstens abstützen konnte. Ich versuchte, ganz vorsichtig mit meiner Prothese zu gehen, und zu meiner großen Verwunderung funktionierte es auch. Als ich die Gesangsstunde hinter mir hatte, war mir klar: Ich würde auch das geplante Konzert geben können. Gott sei Dank!

Einige Wochen nach meinem kleinen Unfall erhielt ich einen Anruf von Gert Engström, der mir mitteilte, daß mir Königin Silvia ein Stipendium aus ihrem Hochzeitsfond zuteilen wolle, um es mir so zu ermöglichen, meine musikalischen Fähigkeiten weiter zu vervollkommnen: Ich erhielt 10.000 Kronen. Mit diesem Geld finanzierte ich eine Reise in die USA, wo ich an einem großen Gospel-Konzert teilnahm, um mehr über diese Musik zu lernen.

In diesem riesigen Chor mit 2.500 Personen (darunter nur fünf weiße Sängerinnen) und mehreren Dirigenten mitzusingen, war ein phantastisches Erlebnis. Ich war umgeben von kräftigen schwarzen Frauen, die so inbrünstig sangen, daß der Boden unter mir vibrierte. Da begriff ich zum ersten Mal wirklich, was Gospel-Musik eigentlich ist!

Nach Schweden zurückgekehrt, nahm ich weiter meine Gesangsstunden. Gleichzeitig war ich ziemlich oft mit Anders zu Konzertterminen unterwegs. Alles lief wie am Schnürchen, ein Auftritt jagte den anderen.

Im Frühjahr 1991 steigerte sich mein Bekanntheitsgrad dann noch einmal: Die Kurzfassung des Films „Das Ziel vor Augen" wurde zur besten Sendezeit in dem beliebten Nachrichtenprogramm *News Station* in TV Asahi, einem der größten Fernsehkanäle Japans, ausgestrahlt. Die Reaktionen der japanischen Zuschauer waren überwältigend, wohl vor allem deshalb, weil man dort eine ganz andere Einstellung zu Behinderungen hatte und Behinderte größtenteils als Menschen zweiter Klasse betrachtete; doch durch diese Sendung bekamen sie nun ein ganz anderes Bild vermittelt.

Die Produzentin der Sendung, eine Frau namens Kaori Asamoto, beschloß daraufhin, ein japanisches Fernsehteam nach Schweden zu schicken und einen weiteren Film über mich zu drehen. Das Filmteam war eine Woche lang bei mir in Stockholm, und folgte mir auf Schritt und Tritt. Sie begleiteten mich zu einem meiner Konzerte, filmten mich aber auch bei mir zu Hause, um zu zeigen, wie mein Alltag aussieht und wie ich alleine zurechtkomme.

Das Programm wurde an einem Freitagabend ausgestrahlt, und wieder schauten viele Japaner zu. Bereits am Freitag darauf saß ich dann im Studio von *News Station*, um in einer Live-Sendung interviewt zu werden und zu singen. Das alles war eine enorm aufregende Zeit für mich, und vielleicht würde sich durch diese vielen Fernsehauftritte für mich auch eine Chance ergeben, daß ich nach dem Studium mit der Musik wirklich meinen Lebensunterhalt bestreiten könnte.

Als ich im Sommer 1991 mit meiner Ausbildung an der Musikhochschule angefangen hatte, hatte ich mich ganz darauf eingestellt, mich für einige weitere Jahre voll und ganz der

Musik zu widmen, und ich war dankbar, daß ich dies auch wirklich als Vollzeitbeschäftigung tun konnte. Ich hatte einfach eine unbändige Freude am Singen.

Im Herbst desselben Jahres reiste ich noch einmal in die USA. Mein Pianist Anders und ich waren eingeladen worden, fast zwei Monate lang in unterschiedlichen Kirchengemeinden in den USA aufzutreten. Einer der Höhepunkte dieser Reise war, daß wir einen Gottesdienst in der Chrystal Cathedral in Los Angeles mitgestalten durften, der live im Fernsehen übertragen wurde.

Die Tournee war eine sehr intensive Zeit. Wir hatten insgesamt 56 Auftritte, davon 30 komplette Konzerte – und alles innerhalb von 54 Tagen. Das war ganz einfach zu viel!

Als wir wieder zu Hause waren, fühlte ich mich gar nicht gut. Zum Glück folgten bald die Weihnachtsfeiertage, und ich konnte mich bei meinen Eltern zu Hause erholen. Meine Familie war froh, mich für einige Zeit bei sich zu haben, doch sie hatten nicht viel von mir, denn ich schlief fast die ganze Zeit. Körperlich war ich zwar ganz gut in Form, aber psychisch überhaupt nicht.

Ich hatte zu nichts mehr Lust. Ganz im Gegensatz zu den Weihnachtsferien der letzten Jahre wollte ich auch nichts unternehmen und hatte keinen Appetit auf das gute Festessen oder die vielen Süßigkeiten. Ich wollte niemanden sehen und konnte sogar nicht mehr beten. Das einzige, was ich wollte, war schlafen.

Während der USA-Tournee hatte ich eine englische Bibel

Ich hätte mir nie träumen lassen, daß meine Fernsehauftritte einen so durchschlagenden Erfolg haben würden. In der Sendung News Station wurde ich, mit Hilfe eines Dolmetschers, von dem Moderator Mr. Kume interviewt. (Photo: News Station, Japan)

gekauft. Der Inhalt war wie gewöhnlich in Bücher, Briefe und Kapitel eingeteilt, aber darüber hinaus auch nach dem Datum. Der Gedanke war, daß man jeden Tag einen Abschnitt lesen sollte, um auf diese Weise im Laufe eines Jahres die Bibel einmal ganz durchzulesen. Obwohl ich mich zerschlagen fühlte, nahm ich dieses Buch zur Hand und begann zu lesen. Es enthielt eigentlich nichts Neues: Es war dieselbe Schöpfungsgeschichte wie in allen anderen Bibeln – die hatte ich ja schließlich schon oft gehört –, danach die Geschichte von der ägyptischen Gefangenschaft – immer wieder dasselbe . . .

Nachdem ich einige Tage ausgeruht hatte, merkte ich jedoch, daß die alte Freude und Lust an Gottes Wort langsam wieder zurückkehrte, und die Momente, in denen ich in meiner englischen Bibel las, gaben mir besonders viel.

Ich fühlte mich schon bald viel besser, aber ich sah mich doch dazu gezwungen, einige Dinge in meinem Leben grundlegend zu überdenken. In den letzten Jahren war mein ganzes Denken von dem Wunsch bestimmt gewesen: *Wenn ich nur dies und das tun könnte, dann wäre ich viel glücklicher.* Immer wenn mir das Schwimmtraining zuviel geworden war, war mir der Gedanke gekommen: *Wenn ich mich doch nur ganz dem Gesang widmen könnte, dann wäre alles viel leichter.* Und als ich mich dann in der Oberstufe intensiv mit der Musik beschäftigen durfte, dachte ich nur allzu oft: *Wenn ich doch bloß bald mit der Schule fertig wäre und nur noch Musik und Gesang studieren könnte, denn dann wird mein ganzes Leben bestimmt viel schöner.*

Und nun war ich endlich Sängerin – und hatte dennoch dasselbe Gefühl, daß auch das es nicht sei, was ich mir erhofft hatte.

Gleichzeitig begann ich, meine und auch Gottes Motive zu überdenken.

Meine Eltern hatten mich stets dazu ermutigt, meinem Herzen zu folgen und das zu tun, was mir zutiefst als richtig erschien. So lange ich zurückdenken kann, war es immer mein Wunsch gewesen, Gottes Willen zu folgen. Ich wußte nämlich, wenn ich das tat, würde mir alles zum Besten dienen, wie es im Römerbrief geschrieben steht.

Nun aber stellte ich mir die Frage, ob ich eigentlich immer noch meinem Herzen folgte. Oder sang ich vielleicht nur, weil alle mich hören wollten? Ich hatte keine Freude mehr an den vielen Auftritten und Konzerten. Das einzige, was ich tun wollte und konnte, war, ganz neu auf meine innere Stimme zu hören.

Ich hörte nicht von jetzt auf gleich mit dem Singen auf – immerhin lag noch eine weitere Reise nach Japan vor mir, und ich hatte schließlich versprochen, im Frühjahr 1992 eine längere Tournee dorthin zu unternehmen. Doch mir wurde sehr bald klar, daß ich auf jeden Fall dringend eine Pause brauchte, um darüber nachzudenken, was ich mit meinem Leben weiterhin machen wollte. Deshalb stand mein Entschluß schnell fest: Ich wollte eine Bibelschule besuchen.

Und so kam ich schließlich sogar nach Indien . . .

Was ich in Indien lernte

Ich erwachte, weil es auf meiner Stirn juckte. Schon wieder ein Mückenstich! Es war dunkel und kalt, mir war übel, und ich war fürchterlich müde, aber ich konnte nicht wieder einschlafen. Alles um mich herum war still, abgesehen von den Atemzügen der beiden jungen Frauen, die mit mir den Raum teilten.

Eine Mücke kam angesurrt, verschwand jedoch wieder, während ich wachlag und nachdachte.

Wenn ich geahnt hätte, was mich hier in Indien erwarten sollte – ich wäre bestimmt nicht hierhin gereist. Alles war so ganz anders, und schmutzig. Vor einigen Tagen hatte ich es einmal mit ein wenig Parfüm versucht, aber schon fünf Minuten später merkte man nichts mehr davon. Inzwischen habe ich mich an alle möglichen Düfte und Gerüche gewöhnt, aber als wir bei unserer Ankunft aus dem Flugzeug stiegen, konnte ich den unbeschreiblichen Gestank, der uns sofort entgegenkam, kaum ertragen.

Nun lag ich in aller Frühe wach in meinem Bett. Es war Neujahr. Was für eine Vorstellung, ein Jahr auf diese Weise zu beginnen! In einem Schlafsack, 6.500 Kilometer von zu Hause entfernt! Mein Mund war trocken wie Staub, denn ich hatte eine Stirnhöhlenentzündung. Außerdem juckte es mich am ganzen Körper – zumindest kam es mir so vor – und daran waren nicht nur die Mückenstiche schuld, denn ich hatte ein paar merkwürdige Ekzeme am Kinn und auf der Wange, die ich nie zuvor gehabt hatte und die gefährlich aussahen. Nun lag ich seit drei Tagen und Nächten in diesem Bett, natürlich abgesehen von den Momenten, in denen mich der Durchfall hinaus in Richtung Toilette trieb . . .

Ich war also in Karnal.

Nach einem dreimonatigen Aufenthalt an einer internationalen Bibelschule in Amsterdam reisten wir alle gemeinsam nach Indien, um das, was wir gelernt hatten, in die Praxis umzusetzen. Insgesamt waren wir 40 Schüler aus verschiedenen Ländern. Mein Ziel war Karnal, das mehrere Busstunden nördlich von Neu Delhi lag. Dort sollte ich, zusammen mit fünf anderen Klassenkameraden, Pastor Lal und seine kleine Gemeinde unterstützen. Wir waren bei seiner Familie in einem winzig kleinen Haus untergebracht. Unsere Aufgabe war es, Pastor Lal bei seinen Gottesdiensten zu helfen, die er regelmäßig in seiner Garage abhielt, die er zu einer provisorischen Kirche umfunktioniert hatte.

Gemeinsam mit zwei anderen jungen Frauen teilte ich einen Schlafraum, in dem es lediglich Platz für unsere Betten gab und keinen Zentimeter mehr. Alles war unglaublich eng. Wohin man sich in diesem Haus auch wendete, mit irgend jemandem oder mit irgend etwas stieß man garantiert zusammen. Hinzu kam, daß es sich wie ein Lauffeuer im Dorf herumgesprochen hatte, daß Besuch gekommen war, und dies wiederum nahmen viele zum Anlaß, bei Pastor Lal vorbeizuschauen. Ich, die ich meine 80-Quadratmeter-Wohnung in Stockholm gewohnt war und völlig frei über meine Zeit verfügen konnte, hatte es gar nicht leicht, mich auf diese ganz anderen Lebensbedingungen einzulassen.

Ich wäre zum Beispiel gerne einmal alleine in die Stadt gegangen, aber das war unmöglich, denn es war besonders für mich als Frau viel zu gefährlich. Wenn ich also zur Post oder Bank gehen wollte, mußte immer jemand mitgehen, und das kostete mich unter Umständen einen halben Tag. Wir waren deshalb darauf angewiesen, jeden Tag genau zu planen und zu lernen, wie man sechs Personen mit ganz unterschiedlichen Wünschen unter einen Hut bekommt.

Ich lernte in dieser Zeit, daß sich das Leben einer Frau in Indien ganz anders gestaltete als zu Hause in Schweden, denn man wird dort ganz anders behandelt. Wir westlichen Frauen mußten ständig achtgeben, wie wir uns benahmen. Zum Beispiel hieß es immer daran zu denken, niemals einem Mann direkt in die Augen zu schauen, denn das hätte ungeahnte Konsequenzen haben können.

Am anstrengendsten war jedoch meine Situation als Behinderte. Zum ersten Mal in meinem Leben fühlte ich mich tatsächlich behindert. Daheim war ich es gewohnt, alles alleine zu regeln. Ich hatte immer wie alle anderen gelebt und empfand die Tatsache, daß ich keine Arme hatte, niemals als ein größeres Hindernis. Natürlich tue ich alles auf eine andere Weise, aber meine Behinderung hat mich niemals wirklich daran gehindert, meine Wünsche in die Tat umzusetzen.

In Indien ergaben sich nun aber sehr viele Situationen, die ich nicht alleine bewältigen konnte. Ständig war ich gezwungen, andere um Hilfe zu bitten – was ich früher nie nötig gehabt hatte, zumindest nicht in diesem Ausmaß. In mir entstand dadurch das Gefühl, immerzu behütet werden zu müssen, und das ging gegen meinen Willen. Es war schwer für mich, den anderen weder beim Essenkochen noch beim Geschirrspülen helfen zu können. Außerdem konnte ich mich nicht alleine duschen, und es war sehr beschwerlich, alleine zur Toilette zu gehen.

Trotz allem hatte ich aber den Eindruck, daß Gott bei mir war. Unser Team war zum Beispiel das einzige, das überall westliche Toiletten hatte, wofür ich sehr dankbar war. Aber natürlich funktionierte die Spülung nicht immer, was für mich schon problematisch genug war. Denn einen Blecheimer bis zum Rand mit Wasser zu füllen und es dann in die Toilettenschüssel zu schütten, war viel zu schwer für mich, so daß ich in solchen Fällen darauf angewiesen war, um Hilfe zu bitten.

Als ich dann aber irgendwann wegen Magen- und Darmproblemen zum x-ten Male zur Toilette lief, war ich es leid. Ich wollte niemandem mehr die Tür öffnen müssen. Der Gestank, der sich dann verbreitet hätte, war alles andere als angenehm. So stand ich da und überlegte, ob ich das Problem nicht ohne fremde Hilfe lösen konnte. In diesem Augenblick fielen mir all die fantastischen Geschichten ein, die Missionare auf Heimaturlaub zu erzählen pflegten. Wie sie Gott in Notsituationen einfach angerufen hatten und dann alle möglichen (und unmöglichen) Dinge tatsächlich geschehen waren. Zudem befand ich mich ohne Zweifel in einer solchen Notsituation!

Noch bevor ich richtig begreifen konnte, was ich da tat, hörte ich mich mit lauter, kräftiger Stimme sagen: „Im Namen Jesu, funktioniere!"

Daraufhin zog ich am Griff, und plötzlich, ich traute meinen Augen kaum, sprudelte das Wasser wie nie zuvor.

Zur großen Freude aller anderen wurde dies zur allgemein angewandten Methode, wann immer jemand zur Toilette ging, und auch wenn es nicht immer funktionierte, waren wir über jedes Mal, wo es klappte, heilfroh. Ich glaube, es waren wohl solche Episoden wie diese, die mir die Kraft gaben, die Monate in Indien durchzuhalten.

Ach ja, und dann war da noch dieses eine besondere Erlebnis: Unmittelbar nachdem wir nach Indien gekommen waren, mußte ich mich zunächst für eine Woche von meiner Klasse trennen, weil ich versprochen hatte, nach Japan zu fliegen, um dort bei einem Konzert aufzutreten, das die UN organisiert hatte. Als ich dann von diesem Konzert zurück nach Bombay flog, wo unsere Klasse sich damals gerade aufhielt, schien dort irgend etwas nicht zu stimmen. Wir landeten mitten in der Nacht. Der Flughafen wimmelte von Menschen.

Ich versuchte herauszufinden, was los war, indem ich einen indischen Mann fragte, der mir mit meinen Taschen behilflich war, aber leider verstand er mich nicht. Allem Anschein nach konnte ich den Flughafen nicht verlassen. Nach und nach brachte ich in Erfahrung, daß auch der Bus- und Taxiverkehr komplett lahmgelegt war und daß ich, selbst wenn ich irgendwie aus dem Flughafen herauskäme, mein Ziel nicht erreichen konnte. Gott sei Dank zeigte mir ein Pilot den Weg zu einer Abflughalle, in der ich die Nacht über warten konnte. Mehrere Male kamen Wachen und scheuchten alle Menschen aus der Halle hinaus, aber ich durfte immer sitzen bleiben.

Gegen fünf Uhr morgens fragte ich einen der Wachmänner, ob es wohl möglich wäre, ein Taxi zu bekommen, aber das einzige, was er erwiderte, war: „Dangerous, dangerous!“ (Gefährlich, gefährlich!)

Und als ich ihn später noch einmal fragte: „Still dangerous!“ (Immer noch gefährlich!)

Als schließlich der Tag anbrach, bat er mich endlich, ihm zu folgen. Er meinte, jetzt wäre der beste Zeitpunkt zu gehen, auch wenn es immer noch gefährlich wäre. Ich mußte die Halle durch eine Hintertür verlassen, wo ein Taxi wartete. Der Taxifahrer nutzte meine Lage natürlich zu seinem Vorteil: Er wollte doppelt soviel bezahlt haben wie sonst üblich, und die Hälfte davon im voraus. Da ich einfach nur zu meinen Freunden wollte, gab ich ihm, worum er bat. Dann brauste er in rasanter Fahrt in Richtung Stadt.

Alle Straßen waren erschreckend menschenleer. Dort, wo es noch zwei Wochen zuvor von Menschen nur so gewimmelt hatte, die auf den Bürgersteigen lebten, war nun alles verlassen. Je näher wir der Stadt kamen, desto vorsichtiger fuhr der Taxifahrer, und bei jeder Kreuzung hielt er an, schaute sich äußerst vorsichtig nach allen Seiten um, bevor er mit durchgetretenem Gaspedal bis zur nächsten Kreuzung weiterbrauste. Einen Polizisten, der am Straßenrand stand und gerne mitgenommen werden wollte, ließ er jedoch bei uns einsteigen. Der Taxifahrer fuhr und fuhr. Warum waren keine Menschen zu sehen? Warum war es gefährlich? Warum kamen wir nie ans Ziel? Mir wurde angst und bange. So intensiv wie in diesem Auto hatte ich nie zuvor zu Gott gebetet.

Endlich kamen wir vor der Jugendherberge an, in der meine Klassenkameraden untergebracht waren. Ich kletterte mit zitternden Beinen aus dem Taxi und ging hinein. Erst jetzt erfuhr ich, was geschehen war: Über Bombay war eine viertägige Ausgangssperre verhängt worden. Der Grund dafür war ein Streit zwischen Muslimen und Hindus. Meine Taxifahrt hätte also ein böses Ende nehmen können. Ich war daher unglaublich erleichtert, daß ich endlich angekommen war und unendlich dankbar, daß Gott mich bewahrt hatte.

Auch wenn die Zeit in Indien bei weitem die anstrengendste meines Lebens war, so hat sie mich doch sehr geprägt. Mein Glaube wurde gefestigt, und ich lernte viele Dinge zu schätzen, deren Wert ich vorher nie richtig erkannt hatte. Nach dieser Zeit in Amsterdam und Indien spürte ich erneut die Lust an der Musik, die ich vorher fast ganz verloren hatte. Ich wollte nun wieder richtig mit dem Singen beginnen.

Mein Herz schlägt für Japan

Japan wird immer einen festen Platz in meinem Herzen einnehmen. Als ich nach Japan reiste, nachdem dort im Fernsehen die beiden Filme über mich ausgestrahlt worden waren und ich im Fernsehen interviewt worden war, hatte ich zunächst noch keine Ahnung, welchen durchschlagenden Erfolg diese Auftritte gehabt hatten. Ich hatte es eigentlich nur genossen, interviewt zu werden und in einer Live-Übertragung zu singen.

In den beiden Filmen war vor ihrer Ausstrahlung alles herausgeschnitten worden, was ich über meinen Glauben und Gott gesagt hatte, und das aus einem ganz einfachen Grund. Da es in Japan sehr viele unterschiedliche Religionen gibt, hat es sich das Fernsehen zur Politik gemacht, in seinen Sendungen grundsätzlich niemals die persönliche Lebensanschauung der porträtierten Personen zu verbreiten. Als mich aber der Moderator von *News Station* fragte, wie es denn käme, daß ich so froh wirke und soviel allein zustandebringe, da konnte ich einfach nicht anders, als von meinem Glauben zu berichten.

Auf diese Weise hatten dann doch alle Fernsehzuschauer erfahren, daß ich Christin bin. Dies war dann der Startschuß für eine Welle neuer Ereignisse: Viele Leiter verschiedener Kirchen unterschiedlicher Denominationen meldeten sich plötzlich bei mir und baten mich, in ihren Gemeinden zu singen. Einer von ihnen war Alf Idland, ein norwegischer Pfarrer, der in Kobe arbeitete und seit fast zwanzig Jahren in Japan lebte. Voller Begeisterung plante er für Anders und mich im Mai 1992 eine Tournee von knapp zwei Wochen Dauer und wurde außerdem mein Manager.

Veranstalter dieser Konzerte waren Gemeinden in ganz Japan, aber nicht alle waren so überzeugt und zuversichtlich wie Alf, daß das Interesse an einer ziemlich unbekannten Schwedin groß genug sein würde, um die Säle füllen zu können.

Für unser Konzert in der Stadt Mishima mietete der schwedische Missionar Bo Dellming den größten Konzertsaal, den er dort bekommen konnte, mit Platz für 1.200 Personen. Doch seine Gemeinde war gegen diesen Veranstaltungsort, weil ihnen das Risiko zu groß war. Weil Bo aber an den Erfolg dieses Konzertes glaubte, mietete er das Lokal auf sein eigenes Risiko. Er mußte sich jedoch nicht lange Sorgen darüber machen, ob sich sein Einsatz auch wirklich lohnen würde. Es kamen nämlich so viele Leute, daß wir unser Programm an diesem Abend in Mishima gleich noch einmal wiederholen mußten.

Es war einfach fantastisch! Alle Konzerte auf dieser Tournee waren restlos ausverkauft, oft sogar bis zum letzten Stehplatz. Vor den Konzertsälen standen immer schon mehrere Stunden vor Beginn der Veranstaltung lange Schlangen. Auf den Straßen kamen unbekannte Menschen auf Anders und mich zu und baten um Autogramme. Wir waren völlig überrumpelt, aber jetzt begriff ich langsam, welche Wirkung die Fernsehsendungen über mich gehabt hatten.

Die Japaner mochten meinen Lieder und die schönen, teilweise wehmütigen Melodien, die ich sang, aber sie kamen nicht nur deshalb zu den Konzerten.

Durch die Fernsehsendungen hatten viele Japaner ein Bild von einem behinderten Menschen vor Augen geführt bekom-

---

Durch meine vielen Aufenthalte in Japan, ist dieses Land mir zu einer zweiten Heimat geworden. (Photo: privat)

水神苑
水神苑

men, das so ganz anders war als dasjenige, an das sie gewohnt waren. Ein Beispiel dafür ist der folgende Zeitungsausschnitt aus einer japanischen Lokalzeitung, in der ein TV-Rezensent einen der Filme über mich kommentierte:

Am Abend des 19. Juni bekamen wir in der Sendung „News Station" einen Videofilm zu sehen über Lena Maria aus Schweden, die an einer Musikhochschule studiert, um Sängerin zu werden . . .

Dieser Film zeigte uns ganz deutlich, daß der Wert des Menschen tatsächlich in seiner Seele liegt.

Im folgenden führt der Rezensent weitere Beispiele für diese Tatsache auf:

In Hawaii wurde einmal in einem Geschäft eine junge Frau nach einer Wegbeschreibung gefragt. Diese Frau war aufgrund des Medikaments Neurosedyn behindert geboren worden. Doch sie beschrieb dem Fragenden den Weg mit ihren kleinen Händen.

In einem anderen Geschäft war ein junger Verkäufer, der nicht sprechen konnte, aber es befand sich ein kleines Schild auf der Theke, auf dem geschrieben stand, die Leute möchten ihr Geld doch bitte auf die Theke legen.

Wenn wir uns ganz normal verhalten und diesen Menschen hilfsbereit entgegenkommen, werden auch sie nach ihrem Vermögen ihren Beitrag zu unserer Gesellschaft leisten können. Es verhält sich ja schließlich auch bei uns Nicht-Behinderten so, daß wir in bestimmten Dingen sehr geschickt sind, während wir andere nicht so gut können. Ich habe die Feststellung gemacht, daß man im Ausland einen Blick dafür hat und dies sogar wunderbar finden kann. Gleichzeitig muß ich feststellen, daß wir Japaner nicht soviel Mitgefühl haben.
(Aus: Yomiuri Newspaper)

Doch, die Japaner besitzen Mitgefühl, aber in ihrem Land sieht man es immer noch als eine große Schande an, wenn jemand ein behindertes Kind zur Welt bringt. Die Scham ist so groß, daß die Eltern in solchen Fällen ihre Kinder versteckt halten oder weggeben. Es kann sogar so weit gehen, daß die Geschwister eines behinderten Kindes es schwer haben, heiraten zu dürfen.

Nur wenige Behinderte besuchen eine Schule. Die meisten von ihnen wohnen in einer Behinderteneinrichtung und beschäftigen sich mit Backen und Nähen, oder sie basteln Dinge, die sie dann hinterher verkaufen können. Daß ein Behinderter eine Hochschulausbildung erlangt und so selbständig lebt wie ich es tue, ist in den Augen der Japaner etwas Unerhörtes.

Die Japaner werden schon von Kindheit an dazu erzogen, stets erfolgreich zu sein und vorwärts zu kommen. Das fängt bereits in der Schule an, wenn sie sich der Konkurrenz mit ihren Mitschülern stellen müssen, und setzt sich bis ins Erwachsenenalter fort, wo es einzig und allein darum geht, im Berufsleben Erfolg zu haben.

Diese Einstellung ist nicht zuletzt auch für Japan als Nation typisch. Man ist unglaublich effektiv in seiner Jagd nach dem Schlüssel zum Erfolg. Man reist rund um die Welt, um Tips und Ideen zu sammeln, wie man noch effektiver und erfolgreicher werden kann. Und oft gelingt ihr Vorhaben – denn nicht von ungefähr sind japanische Produkte im Weltvergleich häufig führend.

Hier liegt wohl auch ein Teil der Erklärung dafür, daß die Japaner von meiner Person so fasziniert sind. In ihren Augen habe ich es geschafft, denn ich bin erfolgreich: Ich führe ein Leben, das ihnen für einen schwer behinderten Menschen eigentlich unmöglich erscheint. Und nun möchten die Japaner natürlich wissen, was hinter meinem Erfolg steckt. Solche Fragen werden mir ständig gestellt, wenn ich von Journalisten interviewt werde, aber auch, wenn ich interessierten Menschen auf der Straße begegne.

Daß das Augenmerk auf mich schon von Anfang an groß war, erwies sich nicht nur durch die Tournee. So bekundete schon früh eine japanische Plattenfirma ihr Interesse an der CD, die Anders und ich bereits in Englisch eingespielt hatten,

und beeilte sich, sie mit japanischem Umschlag auf den Markt zu bringen.

Danach dauerte es nicht lange, bis uns dieselbe Firma eine neue Aufnahme vorschlug. Für die erste Platte, die Anders und ich gemacht hatten, hatten wir nur ein ziemlich kleines Budget zur Verfügung gehabt, doch diesmal wurde es eine richtige Großproduktion. Zirka ein Studio-Orchester bestehend aus 60 Musikern wirkte mit, und dazu kam eine ausgefeilte elektronische Bearbeitung.

Anders und ich reisten sogar nach Hollywood, wo wir gemeinsam mit dem Gitarristen Larry Carlton und dem Schlagzeuger Alex Acuna ein paar Lieder für diese Produktion einspielten. Einige dieser Lieder schrieb ich selbst oder zusammen mit Anders, speziell für diese CD, die den Titel „Mein Leben" erhielt.

Als die Arbeiten für die CD beendet waren, folgte bereits das nächste Projekt: Es entstand ein Buch mit demselben Titel – „Mein Leben“. Es wurde von einem japanischen Autor geschrieben, der extra nach Schweden kam, um mich eine Woche lang mit Hilfe eines Dolmetschers zu interviewen.

Doch damit war es noch nicht genug. Es wurden noch zwei weitere Bücher geschrieben: Eines über meine Eltern und ihre Einstellung zu Behinderungen und ein Schulbuch für 9–12jährige Kinder.

Die japanischen Kinder müssen nämlich jedes Jahr über die Sommerferien eine spezielle Hausaufgabe erledigen: Sie müssen ein Buch lesen, über das sie dann einen Aufsatz schreiben sollen. Hierzu wurde in mehreren japanischen Schulbezirken mein Buch ausgewählt. Dazu kam auch ein kleines englisches Heftchen, das im Englischunterricht eingesetzt wurde.

Ich hätte nie gedacht, daß mir die Arbeit im Tonstudio so viel Spaß machen würde. (Photo: privat)

Immer wenn ich all diese Bücher in die Hand nehme, mit den hübschen Farbfotos von mir selbst und meiner Familie, mit Schriftzeichen, die ich nicht lesen kann und mit der Vorderseite an der Stelle, wo eigentlich die Rückseite sein sollte, dann finde ich das auch heute noch sehr merkwürdig.

Damals unternahm ich sechs Tourneen unterschiedlicher Art in Japan, sowohl längere als auch kürzere – manchmal nur mit Anders, manchmal mit einem Trio oder mit einem Symphonieorchester. Meistens entpuppten sich meine Tourneen als sehr aufwendige Ereignisse, in die viele Menschen einbezogen waren. So begleiteten uns 1995, während einer Tournee zusammen mit dem Anders-Wihks-Jazztrio, vierzig Personen, die sich um den Sound, die Beleuchtung und die Bühne kümmerten.

„Das hat ja dieselbe Dimension wie bei einem Rock-Konzert", meinten die Filmemacher Sven-Eric Frick und Henrik Burman erstaunt, als sie uns in Japan auf der Tournee begleiteten.

Während dieser Tournee geschah aber auch etwas sehr Trauriges. Alf Idland, unser Manager, war an Krebs erkrankt. Da er wußte, daß er seinen Managerjob nicht alleine bewältigen können würde, hatte er die Verantwortung rechtzeitig anderen Personen übertragen und besuchte uns nur ab und zu. Er wirkte trotz allem recht munter, und wir hatten fast den Eindruck, als würde er seine Krankheit besiegen können.

So kam es aber leider nicht. Die Krankheit besiegte ihn, er starb zu Hause, und zwar gerade zu dem Zeitpunkt, als unsere Tournee am intensivsten war. Das war für uns alle eine sehr bedrückende Nachricht. Wir stellten daraufhin die Konzerte für zwei Tage ein, um an der Trauerfeier teilnehmen zu können. Für mich war dieser Verlust sehr schmerzhaft, denn mit Alf verlor ich nicht nur einen tüchtigen Manager, sondern auch einen lieben Freund.

Wie würde es außerdem nun mit unserer Tournee weitergehen? Eine Weile schien dies sehr unsicher, aber als wir unseren guten Freund Katsutada Sugitani fragten, ob er kurzfristig einspringen könnte, erhielten wir recht bald eine positive Antwort. Er hatte Alf Idland schon früher mit Rat und Tat zur Seite gestanden und war deshalb verhältnismäßig gut informiert, über das, was alles bedacht werden mußte. Er übernahm für uns den Job des Managers und hat uns seitdem sehr viel geholfen.

Es scheint, als würde das Interesse an meiner Person noch eine ganze Weile anhalten. Es macht mir auch eigentlich immer Spaß, wenn ich im öffentlichen Interesse stehe, aber gleichzeitig setzt es mich sehr unter Druck. Ich muß mir jederzeit bewußt sein, daß ich mich in der Öffentlichkeit bewege, und muß mir gut überlegen, was ich tue und wie ich auftrete. Manchmal kommt es mir so vor, als sei ich rund um die Uhr eine Person des öffentlichen Lebens. Außerdem ist es dadurch sehr schwer, engere Kontakte zu den Menschen, die ich während meiner Reisen treffe, zu knüpfen und sie näher kennenzulernen.

Ich habe tatsächlich so einige Male darüber nachgedacht, in dieses Land der aufgehenden Sonne umzusiedeln, aber auf die Dauer würde das nicht funktionieren und ich mich dort nicht wohlfühlen können. Auf jeden Fall hat Japan aber einen besonderen Platz in meinem Herzen eingenommen.

Ich glaube, daß ich vielen Menschen dort ein neues Bild von einem behinderten Menschen habe vermitteln können, und vielleicht auch davon, was der christliche Glaube bedeutet. Gleichzeitig habe ich selbst enorm viel gelernt, bin interessanten Menschen begegnet und habe viel erlebt, über das ich mich noch lange freuen kann.

Das absolut lustigste und ungewöhnlichste Erlebnis, das ich mit den Japanern hatte, war übrigens wieder im Zusammenhang mit dem Fernsehen. Mit von der Partie waren dabei die schwedischen Wichtelmännchen:

Nach dem schweren Erdbeben in Kobe meldete sich der TV-

Sender Asahi bei mir und fragte an, ob ich bei einer Veranstaltung mitwirken wollte, die am Weihnachtsfeiertag ausgestrahlt werden sollte. Dieser Sender hatte mich bereits während einer meiner Tourneen von einem Fernseh-Team begleiten lassen, während ich einige Menschen in den am schlimmsten verwüsteten Gebieten Kobes besuchte. Eine der Stationen auf dieser Reise war eine provisorische Zeltkirche gewesen, die von riesengroßen Papprohren aufrecht gehalten wurde. Ich wurde dort interviewt und durfte gemeinsam mit den Kindern für eine Sondersendung singen.

Diese Kinder in Kobe hatten jedoch auch noch andere Kontakte nach Schweden. Es hatte nämlich eine schwedische Schulklasse im Laufe des Jahres eine ganze Reihe von Bildern für die Kinder in Kobe gemalt. Aus diesem Anlaß reiste „Miss Sweden“ mit dem Chef des schwedischen „Wichtelmännchen-Landes“ – einem Freizeitpark, der von vielen japanischen Touristen besucht wird – nach Kobe, um die Bilder zu überreichen.

Am 22. Dezember fuhr ich also hinauf zum „Wichtelmännchen-Land“, das außerhalb von Mora in der Region Dalarna liegt. Dort sollte ich per Satellitenübertragung in der bereits erwähnten TV-Show auftreten, bei der die fortschrittlichste Technik zum Einsatz kommen sollte. Ich sollte also in Schweden für die japanischen Kinder über diesen Märchenpark berichten, während ich von einer Frau, die im Fernseh-Studio in Japan saß, simultan übersetzt wurde. Als nächstes wurde eine Reportage über meinen vorangegangenen Besuch in Kobe gezeigt und über die Überreichung der von den schwedischen Kindern gemalten Bilder, doch dann kam das spannendste: Ich sang „Stille Nacht, Heilige Nacht“, während ich vor einem Haus in den tief verschneiten Wäldern Dalarnas stand. Gleichzeitg wurde ich (oder besser: mein Gesang) per Satellit von einem Pianisten begleitet, der in Kobe saß.

Da es, aller fortschrittlichen Technik zum Trotz, eine gewisse Zeit dauert, bis ein Ton von Europa nach Asien gelangt, konnte ich seinem Klavierspiel nicht zuhören, sondern der Pianist mußte ganz einfach zu meinem Gesang spielen. Wir hatten es nie geschafft, diesen Auftritt gemeinsam zu proben, so daß das

Ganze eine ziemlich gewagte Angelegenheit war – es mußte ganz einfach direkt bei der Live-Übertragung klappen.

Und es ging tatächlich alles gut. Aber, ehrlich gesagt, etwas Vergleichbares habe ich nie wieder erlebt.

Wir waren nur gute Freunde . . .

Kann man überhaupt mit einem Mann eine Beziehung haben, wenn man so stark behindert ist wie ich? Und wenn man heiraten möchte – sollte man dann jemanden wählen, der genauso behindert ist wie man selbst? Gibt es denn überhaupt „normale“ junge Männer, die sich für eine behinderte Frau interessieren?

Diese und ähnliche Gedanken haben sich wohl schon viele Menschen gemacht, und eine ganze Menge Leute haben mich direkt gefragt, ob ich jemals heiraten und eine Familie gründen wollte. Aber, wie bei den meisten anderen Dingen, habe ich eigentlich nie besonders darüber nachgedacht. Ich habe diesen Aspekt sozusagen Gott überlassen – und wie Sie bisher lesen konnten, hat er ja auch vieles andere in meinem Leben gut gemacht. Natürlich habe auch ich manchmal große Sehnsucht nach einem Freund gehabt – welches Mädchen oder welche junge Frau hat das nicht? Wie oft habe ich mich verliebt und geglaubt, ich hätte den Mann meines Lebens gefunden! Doch dann haben sich anschließend unsere Wege immer wieder getrennt.

Bis ich Björn traf.

Wir lernten uns im Gospelchor *The Master's Voice* an der Musikhochschule kennen. Ich war damals neu in dem Chor, und als wir an der Schule unser erstes Konzert gegeben hatten, kamen immer mehr Mitglieder hinzu. Björn Klingvall, der Musiklehrer werden wollte und als Hauptinstrument die Geige hatte, war einer von denen, die auch mit einsteigen wollten. Schon kurze Zeit, nachdem er regelmäßig an den Proben teilgenommen hatte, merkten wir, daß wir viel gemeinsam hatten.

Wir begannen uns gelegentlich zu treffen, um miteinander zu Mittag zu essen und um über das zu reden, was uns auf dem Herzen lag. Björn wurde für mich ein echter Kamerad, mit dem ich über alles reden konnte – ein richtiger Bruder. Und er fand wohl auch, daß er über fast alles mit mir reden konnte, denn als er einmal sehr unter großem Liebeskummer litt, kam er mit seinem Schmerz zu mir.

Es klingt vielleicht wie ein Klischee, aber Björn und ich waren wirklich nicht mehr als gute Freunde, und für mich war das eine Selbstverständlichkeit. Es gab so viel, was dagegen sprach, daß wir beide jemals ein Paar werden konnten. Zudem konnte ich sehr wohl verstehen, daß es für Björn wichtig war, wie eine Frau aussieht, und für mich war es sehr wichtig, daß derjenige, mit dem ich mein Leben teilen würde, auch meinen Glauben teilte. Außerdem waren wir absolut nicht verliebt – zumindest nicht ineinander.

Auch wenn Björn sich damals nicht als Christ bezeichnete, sprachen wir trotzdem viel über Gott. Dieses Thema wurde von mir in keinster Weise provoziert, sondern kam durch die Lieder, die wir in dem Gospel-Chor sangen, ganz natürlich auf. Doch nach einer Weile verließ er den Chor wieder, weil er es zu anstrengend fand, daß alle nur vom Glauben und von Jesus redeten. Dazu schien es ihm zu aufgesetzt, von Gott zu singen, wenn er sich selbst nicht einmal sicher war, ob er an ihn glaubte.

Björn tat mir in dieser Zeit sehr leid, und ich betete für ihn. Auch wenn wir uns nicht mehr so oft trafen, wußte ich, daß er

---

Durch meine Freundschaft mit Björn bekam ich die Gelegenheit, Dinge zu tun, die ich mir nie hätte träumen lassen, dazu gehörte auch das Motorradfahren. (Photo: privat)

es schwer hatte. Während meiner Tournee in den USA brach unser Kontakt sogar ganz ab, aber trotzdem schickte ich weiter kleine Gebete für Björn nach oben.

Als ich wieder zurück in Schweden war, machte ich mich wieder zu *The Master's Voice* auf, um an deren Chorproben teilzunehmen, und zu meiner großen Verwunderung saß dort Björn!

Er erzählte mir im Anschluß an die Probenstunde, daß er eines Morgens aufgewacht wäre und einfach den Eindruck gehabt hätte, daß es Gott doch geben müsse und daß die Geschichten über Jesus wohl auch wahr wären. Nun könne er ohne Probleme Gospels singen, denn jetzt stand er hinter dem, was er da sang. Deshalb war er wieder bei *The Master's Voice* eingestiegen.

Im darauffolgenden Frühling trafen wir uns dann immer häufiger. Wir machten zusammen Ausflüge mit dem Motorrad, hörten Musik, unterhielten uns, gingen zu Konzerten und unternahmen alles mögliche andere. Im Sommer fuhren wir dann sogar gemeinsam mit dem Motorrad in Urlaub.

Wir waren beste Freunde und dachten wohl gerade deshalb immer noch nicht daran, es als Paar miteinander zu versuchen. Mit Björn eine Beziehung zu beginnen, wäre wie ein Verhältnis mit dem eigenen Bruder gewesen! Wenn wir gefragt wurden, ob wir ein Paar seien, lachten wir deshalb immer nur abwehrend. Ich hatte einen unheimlich guten Freund gefunden, und das reichte!

Doch als die Monate einer nach dem anderen verstrichen, wurde eine bestimmte Frage in mir immer lauter: *Wie wäre es wohl, mit Björn zusammen zu leben?*

Nein, das würde niemals funktionieren, sagte ich mir dann.

Diese Frage meldete sich immer wieder, aber jedesmal antwortete ich genauso bestimmt dagegen. Natürlich war es fantastisch, daß Björn zum Glauben an Jesus gefunden hatte, aber er war ganz und gar nicht der Typ von Mann, den ich mir an meiner Seite vorgestellt hatte. Außerdem sah ich einige Punkte, die eine Beziehung zwischen uns beiden problematisch gemacht hätten. Zum Beispiel mußte er dazu bereit sein, mir zu helfen, ohne daß ich ihn jedes Mal darum bat, denn anders würde es nie funktionieren.

Und dann geschah das Wunderbare: Björn begann sich zu verändern.

Als ich eines Abends von einem Auftritt nach Hause kam, hatte er ein Abendessen für uns beide vorbereitet. Noch nie zuvor hatte er so etwas getan. Am darauffolgenden Morgen kam er wieder in meine Wohnung und machte das Frühstück. Danach spülte er das Geschirr!

Es war wirklich erstaunlich, denn jedes Mal, wenn ich Gott im Gebet gesagt hatte, was in einer ehelichen Beziehung zwischen Björn und mir problematisch werden würde, begann Björn daraufhin, sich auf dem jeweiligen Gebiet zu verändern. Gleichzeitig fing ich an, ernsthaft darüber nachzudenken, ob ich Björn ein Leben lang als Ehemann lieben könnte. Nun, da kann man wohl nie hundertprozentig sicher sein, aber nach einer Weile wußte ich, daß ich ja sagen würde, sollte mir Björn irgendwann einen Heiratsantrag machen.

Meine Behinderung spielte bei dieser Frage eigentlich keine Rolle, nur insofern, daß ich das Gefühl hatte, daß ich selbst nicht den ersten Schritt tun und von einer gemeinsamen Zukunft sprechen konnte. Ich wußte schließlich, daß von jemandem, der mit einer Behinderten verheiratet ist, viel gefordert wird. Und mein ungeregelter und außergewöhnlicher Beruf machte die Sache nicht unbedingt einfacher. Ich wollte auf keinen Fall, daß Björn sich unter Druck gesetzt fühlte. Ich wollte, daß der Antrag, wenn er sich denn für mich entschied, von ihm selbst kommen würde.

Auf jeden Fall war ich jetzt verliebt – und wie!

Als Björn tatsächlich das Thema zur Sprache brachte, über das ich schon so lange mit ihm hatte reden wollen, war es wieder einmal für mich an der Zeit, zu einer Japan-Tournee aufzubrechen. Auch er hatte über uns und unsere Beziehung nachgedacht, erzählte er mir, und so entschieden wir gemeinsam, daß jeder für sich die Angelegenheit überdenken sollte – er in

Schweden, ich in Japan. Wir beschlossen, daß wir uns an Weihnachten verloben wollten, wenn wir beide zu dem Entschluß kämen, daß wir unsere Beziehung fortsetzen wollten.

Ich selbst betrachtete diese Vorgehensweise als eine Art Ultimatum – ich wollte ein entschiedenes Ja oder Nein von Björn. Die anschließende dreiwöchige Japantournee erschien mir endlos. Ich selbst wußte ja, was ich wollte, so daß ich gefühlsmäßig zwischen Hoffnung und Verzweiflung hin- und hergeworfen wurde. Mein armer Pianist Anders mußte mir zwischen den Konzerten immer wieder seelsorgerlichen Rat geben.

Für Björn war es auch nicht leicht. Er war wirklich mein Freund, aber konnte er sich vorstellen, mich als Ehefrau zu haben? War er bereit, mit meiner Behinderung zu leben?

Schließlich waren die Tourneewochen in Japan vorüber, und es war noch eine Woche bis Weihnachten, als ich auf dem Stockholmer Flughafen Arlanda landete. Dort stand Björn und wartete auf mich. Ich erhielt eine Umarmung zur Begrüßung, aber ich war fürchterlich nervös. Er liebt mich, er liebt mich nicht . . . In der Realität war es viel schwerer eine Entscheidung abzuwarten, als wenn man die Blütenblätter einer Margerite abzupft.

Weil ich die Spannung nicht länger aushielt, fragte ich Björn auf dem Heimweg vom Flughafen.

Ja, er wollte! Er hatte entschieden, sein ganzes Leben mit mir zu teilen! Und es schien uns beiden, daß auch Gott dies für uns wollte.

Zwei Tage vor Heiligabend verlobten wir uns in einem wunderbaren kleinen Gasthaus in der Nähe von Vadstena. Sie werden es mir vielleicht nicht glauben, aber ich erhielt meinen

---

Björn und ich an unserem Hochzeitstag.
(Photo: Andreas Göransson)

ersten Kuß in dem Augenblick, als wir unsere Ringe tauschten. Es war alles in allem ein fantastischer Abend, und auf dem Weg dorthin erlebten wir einen herrlichen Sonnenuntergang. Es war, als ob Gott uns zulächelte.

Für uns war die Verlobungszeit keine Prüfungszeit, wir hatten uns ja bereits füreinander entschieden. Das folgende Frühjahr verging dann auch sehr schnell, weil wir voll und ganz damit beschäftigt waren, unsere Hochzeit vorzubereiten – mit allem, was dazugehörte.

Da wir beide einen großen Bekanntenkreis haben, aber wenige enge Freunde, waren wir zunächst unsicher, ob wir eine große oder kleine Hochzeitsfeier haben sollten. Wir entschieden uns schließlich für eine große Hochzeit, sagten aber gleichzeitig den meisten Fernsehsendern und Zeitungen ab, die schon in den Startlöchern standen, um unsere Hochzeit zu filmen. Auch wenn ich ziemlich berühmt geworden war, wollten wir nicht, daß unser Hochzeitstag in erster Linie ein Medienereignis werden sollte.

Am 1. Juli 1995 wurden wir dann in der Gustav Vasa-Kirche in Stockholm getraut – mit mehr als 800 Gästen als Trauzeugen. Als ich noch ein kleines Mädchen war, hatte ich immer davon geträumt, daß mein Traugottesdienst, wenn ich eines Tages heiraten würde, gleichzeitig ein Konzert sein sollte und das wurde er nun tatsächlich. Daß *The Master's Voice* Händels Messias als Ausgangslied singen würden, wußten wir, aber außerdem hatte unsere gute Freundin Marina Johansson, die bei unserer Hochzeit sozusagen die Gastgeberin war, noch für weitere musikalische Überraschungen gesorgt, die zusammen ein eineinhalbstündiges Konzert ergaben. Überhaupt erledigte Marina ihre Aufgabe wirklich hervorragend, und ich über-

---

Björn und ich während unserer Flitterwochen. (Photo: privat)

treibe nicht, wenn ich sage, daß dieser Tag bisher der wunderbarste Tag meines Lebens war.

Am Tag nach der Hochzeit ging es, wie es sich gehört, in die Flitterwochen. Wir fuhren mit dem Motorrad durch Europa und legten insgesamt 7.000 Kilometer zurück, bis wir wieder zu Hause waren.

Ich hatte den besten Mann gefunden, den ich mir hätte wünschen können, den Mann, der der engste Freund war, den ich jemals hatte. Er ist der feinste Mensch, den ich kenne, denn er hat ein warmes Herz. Ich war glücklich, als ich ihn damals heiratete, und ich bin immer noch glücklich, stolz und dankbar dafür, daß ich ausgerechnet Björn bekommen habe.

Das heißt nicht, daß seitdem in unserem Leben alles nur noch rosarot aussieht und wir immerzu auf Wolke Sieben schweben. Einige Illusionen sind bereits zerbrochen. Zum Beispiel waren wir beide felsenfest davon überzeugt, daß wir uns schon sehr gut kannten, bevor wir heirateten. In gewisser Weise waren wir auch sehr enge Freunde gewesen, die sich alles sagen konnten, aber ich mußte doch feststellen, daß ich sehr viel mit mir herumtrug, worüber ich noch nie mit jemandem gesprochen hatte.

Natürlich machen wir dieselben Phasen durch wie andere Jungverheiratete, aber mit einer Behinderung zu leben, ist manchmal eine zusätzliche Belastung. Das kann sowohl kleine als auch große Dinge betreffen: Das beginnt damit, wieviel Hilfe ich brauche oder auch nicht brauche, bis dahin, wie wir Zärtlichkeiten austauschen. Mit Björn „Hand in Fuß“ zu sitzen, erscheint *mir* beispielsweise ganz natürlich, aber für *ihn* ist es offensichtlich weniger natürlich.

Glücklicherweise können wir das meiste klären, indem wir miteinander darüber reden. Es ist uns ganz wichtig, das gemeinsame Gespräch nicht verstummen zu lassen, und wir haben es gelernt, uns noch mehr als zuvor Gott anzuvertrauen.

„Du sahst mich, ehe ich geboren wurde“

Danke, daß es Dich gibt . . . Aber ich glaube, wenn Du ein ganz normaler Durchschnittsmensch wärest, würdest Du wohl jetzt in irgendeinem Behindertenheim im Rollstuhl sitzen.

Was für eine Lebensfreude Du ausstrahlst! Fantastisch, was Du alles alleine kannst! Aber wie schaffst Du es, eine Jeans anzuziehen und Knöpfe zuzuknöpfen? . . . Dabei brauchst Du doch sicher Hilfe, oder?

Ich erhalte viele solcher Briefe aus Schweden und Japan, in denen die Menschen verwundert fragen, wie ich dem Leben immer so positiv habe begegnen und wie ich so viel habe erreichen können, obwohl doch das Schicksal seit Beginn meines Lebens gegen mich war.

Eine schwierige Frage, aber ich glaube, es gibt mindestens drei Gründe:

Zuerst liegt es wohl ganz einfach daran, daß wir alle von Geburt an in unserer Persönlichkeit verschieden sind. Ich war gleich von Anfang an ein zufriedenes Kind, das neugierig auf das Leben war. Meine Grundeinstellung ist, daß ich lieber auf meine Möglichkeiten sehe, als auf die Schwierigkeiten, die mir begegnen. Dann kommt hinzu, daß ich die Dinge nicht komplizierter mache als sie sind. Ich denke positiv über mich selbst, ich wage es, Dinge anzugehen, und ich habe den Mut, Fragen zu stellen.

Ich bin ein eigensinniger Mensch, und meine Behinderung hat die gute Seite an dieser Charaktereigenschaft gefördert. Sie hat jene Hartnäckigkeit in mir hervorgebracht, die jetzt so bezeichnend für mich ist. Ich glaube sogar, wenn ich einen ganz normalen Körper gehabt hätte, hätten mich mein Eigensinn und meine Art, positiv zu denken, egoistisch werden lassen, und sicherlich hätte ich nicht selten von meinen Ellbogen Gebrauch gemacht! Statt dessen hat mich meine Behinderung gelehrt, nicht alles als gegeben zu betrachten.

Ein zweiter Grund, warum ich trotz meiner Behinderung dem Leben so positiv begegne, sind sicherlich meine Eltern. Ihre unverkrampfte Einstellung zu mir und meiner Behinderung hat unglaublich viel dazu beigetragen. Sie haben mir ein Gefühl von großer Geborgenheit vermittelt, sie haben mir beigebracht, zu gewinnen und auch zu verlieren. Sie haben mich verwöhnt, haben aber niemals meine Behinderung wichtiger genommen als mich als Person. Natürlich haben sie anderen Menschen meine Behinderung oft erklären müssen, haben darüber Auskunft geben müssen, was ich kann und was nicht, aber „Behinderungsfragen“ waren nie ihr Hauptinteresse, sondern Dinge, bei denen es nicht darum ging, mich in den Mittelpunkt zu stellen.

Der wichtigste Grund für meine optimistische Lebenseinstellung ist aber wohl Gott. Soweit ich zurücksehen kann, ist der Glaube ein natürlicher Bestandteil meines Lebens gewesen, und als Christin weiß ich, daß ich einen Wert habe, egal wie ich aussehe.

Ich werde immer wieder an einige Verse aus dem 139. Psalm erinnert. Dort heißt es:

Denn du hast meine Nieren bereitet
und hast mich gebildet im Mutterleibe.
Ich danke dir dafür,
daß ich wunderbar gemacht bin;
wunderbar sind deine Werke;
das erkennt meine Seele.
Es war dir mein Gebein nicht verborgen,

als ich im Verborgenen gemacht wurde,
als ich gebildet wurde unten in der Erde.
Deine Augen sahen mich,
als ich noch nicht bereitet war.
Und alle Tage waren in dein Buch geschrieben,
die noch werden sollten
und von denen keiner da war.

War Gott schon bei mir, als ich noch ein Embryo war? Dachte er schon an mich, bevor ich geboren wurde? Ja, das glaube ich, und ich glaube auch, daß mein Aussehen und meine Körpergestalt nicht das Entscheidende sind. Das wichtigste ist mein Verhältnis zu ihm. Ich weiß, daß er mich mag.

Selbstverständlich habe auch ich schon viele Male darüber nachgedacht, warum es soviel Not und Leid, Krankheiten und Behinderungen auf dieser Welt gibt, und auch ich habe mich schon gefragt, wie Gott das alles zulassen kann. Ich habe keine einfachen Antworten auf diese Fragen, aber vielleicht ist es so, daß gerade das uns prägt, was uns leiden läßt. Vielleicht muß es das Dunkle schon deshalb geben, weil wir sonst gar nicht erkennen könnten, was das Licht ist.

Kein Mensch geht ohne Probleme durchs Leben. Aber ich glaube, daß wir menschlichen Reichtum vor allem durch leidvolle Erfahrungen gewinnen. Mir fällt dies ganz besonders dann auf, wenn ich Menschen begegne, die ich bewundere. Was sie so bewundernswert macht, ist die Art und Weise, wie sie mit dem Schweren in ihrem Leben umgehen.

Einer der Menschen, die ich sehr bewundere, ist die japanische Schriftstellerin Aiako Miura, die auf der Insel Hokkaido in Nordjapan lebt. Ihr ganzes Leben lang hat sie an den unterschiedlichsten Krankheiten gelitten, die sie oft das Leben zu kosten drohten. Aber auf irgendeine Weise hat sie sich immer durch die Schwierigkeiten hindurchgekämpft, und das hat ihr große Stärke verliehen. In Japan ist sie heute eine bekannte christliche Schriftstellerin, und ihre Bücher sind für viele Menschen von großer Bedeutung geworden. Sie hat über siebzig Bücher geschrieben, von denen mehr als 30 Millionen Exemplare verkauft wurden, und mehrere ihrer Bücher wurden sogar in andere Sprachen übersetzt.

Aiako Miura schreibt heute immer noch, obwohl sie schon sehr alt ist und sowohl die Parkinsonsche Krankheit als auch Krebs hat. Ich begegnete ihr und ihrem Mann bei einem meiner Besuche in Japan – das war schön und lehrreich zugleich. Der Lebensmut, die Freude und Wärme dieser beiden alten Menschen haben mich sehr beeindruckt.

Wenn ich mich mit solchen Menschen vergleiche, dann muß ich feststellen, daß ich es in meinem Leben bisher nicht besonders schwer hatte. Die Schmerzen und das Leid, durch das ich gehen mußte, habe ich mit Gottes Hilfe bewältigen können. Er gab mir genügend Kraft dazu, und ich freue mich, wenn mein Leben mit allen seinen Aufs und Abs für einen anderen Menschen etwas bedeuten kann.

Sicher, ich habe mir manchmal gewünscht, daß Gott mich heilt. Als ich jünger war, dachte ich nie daran, aber je älter ich werde, desto öfter kommt mir dieser Wunsch. Ich spüre, daß mein Körper immer ungelenkiger wird, und meine Hüften beginnen schnell zu schmerzen, wenn ich sie zu stark belaste. Es wäre so praktisch, wenn ich Arme hätte! Das würde alles erleichtern, – und das wäre ein echtes Wunder!

Ich betrachte es aber auch schon als ein Wunder, daß ich Gott bei mir haben darf, obwohl ich so aussehe, wie ich es tue. Ich teile die Auffassung von Joni Eareckson Tada, einer Amerikanerin, die seit einem Sportunfall beim Tauchen querschnittsgelähmt ist. Sie äußerte sich einmal folgendermaßen zu ihrer Behinderung und ihrem Glauben an Gott: „Wenn Gott eingreifen würde und mich heilen würde, wäre ich glücklich. Aber mitten in einer schweren Situation glücklich leben zu können, zeigt um so mehr, wie groß Gott ist."

Manche Menschen finden wahrscheinlich, daß mein Glaube naiv ist, aber ich habe es so viele Male erlebt, daß Gott sowohl in bedeutenden als auch in unbedeutenden Situationen bei mir ist, und das gibt mir Kraft und Freude. Deshalb kann ich hoffnungsvoll in die Zukunft sehen, auch wenn ich nicht weiß, was kommen wird. Ich bin dankbar, daß ich leben und singen darf. Ich habe einen Mann, eine Familie und Freunde, die mir helfen können, wenn es mir zu schwer wird. Vor allem aber habe ich Gott. Er liebt mich, und ich weiß, daß mich nichts von dieser Liebe trennen kann.

Nach den Olympischen Spielen in Seoul schrieb ich ein Lied. Darin habe ich versucht auszudrücken, wie es ist, wenn man alleine auf Reisen ist. Den Text dieses Liedes möchte ich all meinen Lesern mit auf den Weg geben:

Irgendwo ganz tief in meinem Innern
kann ich dich hören. Du flüsterst meinen Namen.
Du bist da, bist wie ein leiser Windhauch,
ein sanftes Säuseln. Ich ruhe in deinen Armen.
Du sagst mir, daß du mich liebst
und daß du mein allerbester Freund sein willst.

Wie wunderbar, wie wunderbar doch,
daß, wohin ich auch geh, du immer schon da bist.
Du kümmerst dich um das, was in mir vorgeht
und nimmst dir Zeit zu fragen, wie es mir geht.
Du weißt um all das, was ich nicht verstehen kann,
kennst alle meine Fehler – und liebst mich dennoch.
Du liebst mich, ja, du liebst mich dennoch.